DEMITI O BANCO
ADMITI A VIDA

CLOVIN – CLÓVISON ELBERTH ALVES

DEMITI O BANCO
ADMITI A VIDA

pelo Ciclismo Acrobático BMX FREESTYLE

São Paulo
MUSA EDITORA
2011

REVISÃO
Vinícius Melo Justo

CAPA E PROJETO GRÁFICO
Teco de Souza

FOTOGRAFIAS
José Olímpio Basílio

Dados Internacionais de Catalogação na Publicação (CIP)
(Câmara Brasileira do Livro, SP, Brasil)

Alves, Clóvison Elberth
Demiti o banco, admiti a vida : pelo ciclismo acrobático BMX Freestyle / Clovin – Clóvison Elberth Alves . — São Paulo :
Musa Editora, 2011. — (Musa artes recreativas/esportes.
Série ciclismo acrobático)

ISBN 978-85-7871-010-1

1. Autoconhecimento 2. Autorrealização 3. Ciclismo 4. Ciclismo acrobático 5. Conduta de vida 6. Esportes 7. Ex-bancários 8. Histórias de vida 9. Mudança de vida - Acontecimentos 10. Saúde – Promoção 11. Trabalho social I. Título. II. Série.

11-10527 CDD-796.6

Índices para catálogo sistemático:
1. Ciclista acrobáticos : Histórias de vida :
Ciclismo : Esportes 796.6

MUSA
EDITORA

www.musaeditora.com.br
www.twitter.com/MusaEditora
musaeditora@uol.com.br
11 3862-6435
11 9354-3700

SUMÁRIO

ESTE ATO-LIVRO FOI FEITO:

Para Deus e por Deus.
Para mim e por mim.
Para minhas filhas e por minhas filhas.
Para minha primeira esposa.
Para meu sonho.
Para meus irmãos e por meus irmãos, em especial para o Rodrigo.
Para meus pais e por meus pais.
Para meus irmãos de BMX *Antônio Carlos* XUXU *e Beto.*

Em especial, por e para meus colegas trabalhadores e bancários, com os quais comunguei o estresse, e para suas famílias, para que tentem compreendê-los.

Por e para a Sra. Nair de Oliveira Nery (in memoriam), representando meus clientes, nos anos de banco em Uberlândia e Patos de Minas. Também para você: paciente cliente dos bancos.

Foi feito para e por você, Ser Humano:

Que,
como eu,
comunga de
meus muitos dias de medo,
e de raros dias
de coragem.

INSPIRAÇÕES

"O primeiro passo para chegar a qualquer lugar é decidir que não vais permanecer onde estás".
(J. Morgan)

"Alguma coisa tem que ser feita pela humanidade sem visar lucro".
(Albert Sabin)

"Aquele que está sempre levando em consideração o resultado perde frequentemente os nervos no cumprimento do dever. Torna-se impaciente e então dá vaza à zanga, começando a fazer coisas indignas; passa de uma ação a outra, sem se conservar fiel a qualquer delas. Aquele que se preocupa com o lucro é como o homem entregue aos objetivos dos sentidos; está sempre sendo levado para longe de sua meta; diz adeus a todos os escrúpulos, tudo está certo na sua estimativa; e socorre-se, portanto, de meios bons e condenáveis para atingir o seu fim."
(Gandhi)

"O ideal é ainda a alma de todas as realizações."
(Getúlio Vargas)

"O agir, ao mesmo tempo em que se renuncia a todo interesse nos frutos da ação, é o melhor caminho para o êxito."
(Gandhi)

"Um ano não conta. Dez anos não representam nada."
"Viver não significa contar."
(Rainer M. Rilke)

"Porque o reino de Deus não consiste em palavras, mas em atitudes".
(Da Bíblia)

PREFÁCIO GERAL

"O homem é o que acredita"
Anton Tchekhov

"Você é o que fizer Ser"
Gurdjieff

Eu detesto fofocas, maledicências e coisas do gênero.

Recentemente, no início de uma audiência onde era testemunha da verdade, a partir do convite de um bancário, o advogado do banco pediu que o juiz não me ouvisse, argumentando:

"Ele tem mágoa do banco, inclusive tem artigos publicados...".

O juiz então me perguntou se eu tinha mágoa do banco e se achava que aquilo poderia prejudicar meu depoimento. Respondi:

"De forma alguma, posso até dizer coisas maravilhosas sobre o banco!"

E completei:

"Não é possível sentir 'mágoa' de uma entidade jurídica, de uma coisa."

O juiz demonstrou ter entendido perfeitamente, e negou o pedido do advogado do banco.

(...)

Aprendi coisas maravilhosas no banco, o que não significa que tenha sido o banco quem me ensinou, foi a vivência. Fazendo uma analogia, quem sobrevive à guerra torna-se muitas vezes uma pessoa mais forte, que dá mais valor à vida; nem por isso se pode chamar a guerra de "boa".

O que de mais maravilhoso aprendi no banco, como se fora na guerra, foi me ocupar com coisa séria, com meu trabalho, não com fofocas, coisas pequenas e maledicências levianas.

Aprendi no banco, porque quis, a ser muito trabalhador, aprendi a ser um homem objetivo.

E é justo a partir deste aprendizado que, mesmo com toda a subjetividade presente neste livro, o grito que dou não tem nada de "mágoa" ou rancor: é uma descrição objetiva, direta e franca sobre como a Invenção Bancária tem se voltado contra o ser humano, seja ele bancário, cliente ou mesmo acionista.

Aliás, têm sido chamados de "acionistas" justamente aqueles que não fazem nenhuma ação, que ficam sentados em bancos de papéis e números das bolsas de valores duvidosos. Vale lembrar que existem também bancários "acionistas". A proclamada crise mundial, sobretudo nos mercados destas "ações" acontece justamente porque os "valores das ações" das bolsas e dos bancos, justamente com os "valores das ações" de acionistas e de vários gestores das grandes instituições há muito tempo deixaram de espelhar a verdade dos valores das ações objetivas e reais.

Dinheiro não é o maior valor, o valor real.

Palavras e "papéis" não são os maiores valores, os valores reais.

"Ações" da bolsa não são ações reais.
"Valores financeiros" não são valores maiores, reais.
Exceto se você acreditar nisso.
Exceto se você acreditar que um ser humano vale menos que uma instituição humana.
(...)
Onde você quer colocar seu crédito, sua fé?
Em que ou em quem você acredita?
Que valores você prioriza?
Quem você acredita que é?
Quem você quer ser?
Quem você vai fazer-se?
(...)
Eu demiti o banco, demiti os valores e ações dos outros...
E admiti a vida, meus valores e minhas ações!
Agora, eu sou eu mesmo, com a graça de Deus!

Clóvison Elberth Alves, o CLOVIN.
Patos de Minas, 17 de março de 2009.

PARTE I – DEMITI O BANCO, POR JUSTA CAUSA

(Escrita principalmente entre setembro de 2006 e janeiro de 2007).

PREFÁCIO DA PARTE I

Paz e Bem,

Na madrugada de ontem (21/10/06), e "Deus ajuda a quem cedo madruga", resolvi escrever um livro sobre o dia em que demiti o banco. Na verdade, o "ato-livro" já estava quase pronto: consistiria em meu diário, alguns ensaios pertinentes e alguns anexos; devo também acrescentar alguns depoimentos. Concluirei o livro no dia de hoje, um dia após começá-lo.

UM DIA, APENAS, BASTA.

Ontem era sábado, dia de descanso, o Primeiro após meu último dia como funcionário do banco. Deus não me proibiu de trabalhar como escritor neste dia, aliás...

NINGUÉM PODE TE IMPEDIR DE TRABALHAR...

Mas, demitir o banco de minha vida, "o banco em que estava sentado", não foi fácil...

Pois "ficar sentado no banco da vida" é muito fácil e muito cômodo

Não aconselho ninguém a fazer o que fiz.
Exceto, talvez, uma vez na vida, apenas.
E desde que não se tenha muita certeza disso.
Desde que se aja com o coração e com a alma, não com a razão e com o bolso.

Até três dias atrás você poderia me chamar de covarde e de hipócrita, por dar conselhos de coragem para as pessoas enquanto ficava sentado confortavelmente no banco.

Até três dias atrás...

Pois, dia 20 de outubro, numa sexta-feira (como a da Paixão), resolvi levantar-me no banco, subir em cima dele para em seguida me atirar para o alto e para longe.

Hoje, domingo, "ressuscitado" e livre, meu conselho, colega bancário, é este:

LEVANTE-SE, ERGA-SE, no banco...
OU
LEVANTE-SE do banco, E SALTE...

"Ninguém pode lhe tirar sua dignidade...
...a não ser que você a entregue".
Mahatma Gandhi

CAPÍTULO 1
A HISTÓRIA DO HOMEM-GERENTE

O início

Nasci em 1973, filho de militar (filho da força), e de uma artista (filho do carinho).

Em 1983 minha mãe, considerada por todos como uma santa, faleceu, deixando para a família a recomendação de que seus filhos deveriam ser criados no caminho de Deus.

Na época, meu pai me deu um livro chamado *Coração de Vidro*, com 4 contos, todos de final triste.

Começava a nascer em mim uma capacidade descomunal de interiorizar o amor e a realidade...

Aos 13 anos comecei profissionalmente, como balconista em uma quitanda de meus pais, onde passei a gostar de atender clientes e a me destacar pelo uso de *empatia*.

Aos 20 anos, vi um irmão mais novo quase se matar com drogas, e em seguida "ressuscitar", *graças a Deus*. Estes fatos me tornaram forte e solidificaram minha espiritualidade cristã como prioridade em minha vida. Também cresci emocionalmente.

Sou o mais velho de 4 irmãos, sou muito tímido com as

mulheres. Como homem, "só" consegui o amor e a tolerância de uma mulher, primeira e única; que é quem mantém meus pés no chão, e a quem devo quase tudo o que sou.

Em 1987 descobri um esporte, o BMX *freestyle*, que chamo de "ciclismo acrobático" para as pessoas entenderem; ele mudaria minha vida: passei a ser convidado para apresentar-me em público, o que arremessou minha autoestima para muito mais alto do que jamais imaginara. O esporte me ajudou a não acreditar no que dizia minha mente, pois inúmeras vezes minha mente dizia: "esta manobra é impossível de se fazer", e, meses e muitos tombos depois eu mesmo a executava. Este tipo de superação instigou-me a novas manobras radicais, como a de demitir o banco.

As lições que o esporte me deu ajudaram-me ainda a me lançar na manobra mais radical, desafiadora e arriscada em que qualquer ser humano pode se lançar: *crer em Deus e agir como tal*, tentando "ser perfeito como Deus é perfeito".

Em 1992, por concurso público, entrei em um banco público (anos depois privatizado). Digo que foi minha esposa quem me "colocou no banco", pois foi ela, então namorada, quem me convenceu a inscrever-me. Até então trabalhava com meus pais.

Em 1995, casei-me, e em 1997 nascia minha primeira filha.

Amava meu trabalho, minha vida e minha família.

Em 1997, surgiu um concurso interno para gerente, e logo me veio um dilema sobre esta possível promoção: não me achava pouco ético o bastante para a função de gerente. Na época, pedi luz a Deus, e Ele me fez abrir a Bíblia na seguinte página (acredite quem quiser!):

> "Vi que todo o trabalho, toda a habilidade numa obra não passa de emulação de um homem diante do seu próximo. Isso

> é também vaidade e vento que passa... Mais vale uma mão-cheia de tranquilidade, que duas mãos cheias de trabalho e vento que passa."
>
> "Vi ainda outra vaidade debaixo do sol: eis um homem sozinho, sem alguém junto de si, nem filho, nem irmão; trabalha sem parar e, não obstante, seus olhos não se fartam de riquezas. 'Para que trabalho eu, privando-me de todo bem-estar?'"
>
> (*Eclesiastes* 4, 4-8)

Como a mensagem pareceu-me muito clara, pedi que excluíssem meu nome do processo seletivo para gerente. Sabia também que um salário maior representaria uma prisão maior...

Mas não me deixaram desistir: meu destino estava traçado. Lancei-me ao desafio, e por nove anos consegui equilibrar, como poucos, ótima ética e performance como gerente bancário. Estes anos talvez tenham custado minha vida, mas, por outro lado, o sacrifício é que a faz valer...

Vendas, ambição e ética — I

Durante minha carreira de bancário, percebi que vários ótimos profissionais, em especial gerentes, acabavam ultrapassando os limites da ética para conquistar prêmios e reconhecimento...

Aprendi a arte da venda, em grande parte, graças a um colega, ainda quando o banco era estatal. Ele era um fenômeno da persuasão: estou certo de que era tão eficaz neste quesito que, se desejasse matar alguém, chamá-lo-ia para conversar e, sem muita dificuldade, convenceria este alguém ao suicídio! Perigosa, a arma da persuasão, a arte de sofismar... Este colega ganhou comissões de vendas, em dois meses, suficientes para comprar um carro zero: usava de táticas como receber as clientes de idade avançada elogiando sua aparência, envaidecendo-as a tal ponto que, depois, assinavam qualquer contrato de qualquer coisa que ele ofertasse. Era um magnífico vendedor, e foi o primeiro de vários casos de uma situação curiosíssima que conheci muito bem: *de profissionais que eram tão bons na função que, mesmo se não fizessem negócios antiéticos, ainda assim seriam sempre os melhores nas campanhas de vendas e resultados*. Pois é: ele começou a "pular o corguinho" da ética, por exemplo, debitando produtos antes do combinado com o cliente.

Eu vendia muito menos que ele, é claro, mas vendia melhor, no sentido de não pular o "corguinho". E chegou o dia em que um de nós dois teria que sair do banco, por redução de pessoal — éramos sete gerentes, e ficariam apenas três. O gerente de minha agência, aliás o melhor chefe em relacionamento que tive — o único a me ligar após minha demissão — num caso de extrema lucidez, deixou transparecer que a escolha estava clara a meu favor; tão clara que, em uma tacada de mestre em marketing pessoal, no último instante, meu colega se adiantou, oferecendo sua demissão em "sacrifício" por mim, alguém "com família e que precisava mais do emprego...".

Ainda no banco estatal, chegaria ao primeiro lugar na instituição em campanha de vendas de cartões de crédito, sempre me dando bem por *crer* no que fazia: os cartões eram os produtos menos caros do banco e, se bem usados, ajudavam os clientes em seu dia a dia e finanças.

É curioso como eu, que nunca quis ou pensei em ser vendedor, me tornei um dos melhores, por anos, no banco. Talvez o motivo deste sucesso tenha sido o fato de eu focar meu esforço de vendas escolhendo, dentre os produtos do banco, aquele no qual eu *acreditava* poder ser útil ao cliente. De qualquer forma, houve algo ou "alguém misterioso" que me ajudou a bater tantas metas, pois nem sempre acreditava que conseguiria, mas sempre continuava tentando e sempre "apareciam" negócios. "Se te obrigarem a andar mil passos, ande dois mil" – diz a *Bíblia*; e foi mais ou menos assim: se me obrigavam a vender cem produtos, vendia duzentos. (Para falar com mais precisão e realidade, meu índice histórico de cumprimento de metas, nos 73 meses de avaliação no banco particular foi de 110%).

Avaliação de potencial e questionário de carreira (ano de 2002):

Em 2002, durante um processo de avaliação de potencial para carreira, feito por consultoria externa para o banco, escrevi: "meu sonho, mais que ser promovido, seria *treinar* equipes comerciais para atuar estrategicamente no [Banco] como eu, conciliando *atendimento e performance*. E o mais interessante: estou *certo* que isso *agregaria muito mais valor ao banco* do que minha simples promoção a gerente de agência".

Neste processo me pediram para contar um caso onde ficara "claro minha capacidade de manter a automotivação, apesar das condições muito adversas e negativas". Citei como atuei na virada de bandeira (mudança de minha agência de banco público para particular – após a privatização): um processo altamente desgastante em que, da noite para o dia, todos os equipamentos, sistemas e operações do banco mudam junto com o nome do banco, além de serem mudados os números de contas, talões e cartões de milhares de clientes ao mesmo tempo.

"Na virada de bandeira, com toda a equipe comercial da

agência mantida – não havia funcionário do novo banco, já acostumado com sistemas, produtos e serviços, para ensinar-nos – atender aos clientes e suas dúvidas, nos primeiros dias, era praticamente impossível. As mudanças tornaram o atendimento, tanto para clientes quanto para funcionários, um verdadeiro *caos*. Apelando para a transparência e confiando na retribuição da *empatia* com a qual sempre atendia meus clientes, pedia desculpas o tempo todo pela ineficácia e precariedade do atendimento (lembro-me de ter pedido umas trinta desculpas em um só dia). Também esclarecia, inclusive com bom humor, que simplesmente não sabíamos como fazer várias operações necessárias para atender aos clientes; pedia-lhes paciência e que, se possível, voltassem dias depois para resolver seu problema. O clima criado pela forma com que conduzimos nossa equipe fez com que nossa virada de bandeira (dentre várias agências) fosse não só reconhecida como uma das mais bem sucedidas, mas também fosse a que menos gerou reclamações no PROCON e outros órgãos".

Nesta mesma avaliação profissional, o que mais me interessou, como perfeccionista em autoconhecimento que sou, foi conseguir arrancar em detalhes o *feedback* detalhado de *pontos que a junta examinadora considerou fracos em mim*, os quais deveria aprimorar. Assim disseram:

- Melhorar a habilidade para direcionar pessoas, adequando-se ao ritmo da equipe (reduzir ansiedade);
- Aprimorar estratégias com todas as variáveis envolvidas no processo;
- Adequar mais a expressão das suas ideias aos interlocutores;
- Acompanhar trabalhos delegados de forma mais sistemática;
- Evitar atitude defensiva a *feedbacks* (tendência a justificar-se);

- Aproveitar mais o pensamento estratégico analisando a partir de pontos de vista mais macro;
- Nem sempre acredita nas competências dos colegas;
- É centralizador, tem dificuldades em delegar;
- Nem sempre ouve ideias e opiniões dos demais;
- Aprimorar habilidade negocial dando argumentos mais convincentes;
- Aprimorar habilidade política;
- Gosta que os trabalhos sejam feitos ao seu modo.

Vendas, ambição e ética — II

Em 2002, já no grande banco privado, presenciaria outro caso de colega gerente, excelente profissional, que, após ganhar o programa anual de resultados, foi demitido, pois descobriram irregularidades gritantes na forma como "cumprira" as metas. Este colega trabalhava em outra agência de nossa cidade, e nos dias em que ainda se processava seu inquérito interno, esteve comigo e com outros colegas, tentando se explicar sobre o ocorrido: "*Eu não roubei.* Foram apenas estas 'coisinhas' que 'todo mundo faz... '."

"Todo mundo faz...": "eta" expressão traiçoeira, usual e defensora de tanta corrupção em nosso cotidiano. Também nesta época, recebemos a visita de um diretor que usou estas palavras em nossa agência. Ele era famoso pelo estilo autoritário; dele contam que, de certa feita, mandou tirar café ou água ofertado no saguão da agência aos clientes "porque feria o *layout* oficial do banco", e que, de outra feita, teria botado abaixo cortina e pedaço do teto de gesso da agência, aos berros com o gerente, pelo mesmo motivo, de "*layout* impróprio" (no banco eles gostam de tudo igualzinho, padronizado em todas as agências "nos querem todos iguais, assim é bem mais fácil nos controlar" – como canta o Legião Urbana. Esse diretor, na reunião conosco, disse que "todo mundo (eu no meio) fazia uma coisinha errada, de vez em quando...", ao que, não me importando com hierarquia, de pronto retruquei: "*não, senhor*, eu não faço 'coisinhas' erradas, *nem de vez em quando*".

O pior é que o danado do homem estava quase 100% certo. Em 2003 eu constataria...

2003 — do céu ao inferno profissional: o "banco-privada"

Em 2003, devido a uma crise na família, e eu minha esposa deixamos minha cidade natal, de 500 mil habitantes e viemos para cá, Patos de Minas, cidade de 130 mil habitantes, excelente pra se morar, pois une o bom da cidade grande com o bom da cidade pequena. Sofri para manter certo contato...

(Este parágrafo que se seguirá deve ser o último que vou inserir neste livro, no momento em que já estamos fazendo sua revisão – pode ser o mais leviano, mas também pode ser o mais revelador – diz de uma aparente mudança na cultura e ética organizacionais que, em última instância, pode ter sido a minha *causa mortis* como bancário. Mas os "nexos causais" jamais serão comprovados – talvez seja mesmo pura especulação, não sei).

Saramago diz que a ética não está na empresa, mas nas pessoas que a compõem. Neste sentido, creio que a "filosofia e os valores de uma organização" são, *a priori*, espelho da conduta de seu(s) líder(es). E me ocorreu que, talvez não por acaso, uma posição assumida pelo maior líder do banco pudesse estar reveladoramente relacionada a dois desdobramentos: três anos antes, nosso maior gestor assumiu publicamente a quebra definitiva de um conhecido contrato, que diz para "ser fiel na alegria e na tristeza" – e ao menos um caso foi-me relatado de que tal quebra de contrato teria, em seguida, abrandado a consciência de um diretor quanto a seu envolvimento extraconjugal com uma colega dentro da empresa. Minha (leviana?) tese é que este tipo de desdobramento pode ter acontecido em larga escala, numa cadeia de relativização velada dos valores e da conduta dentro da organização. Algo do tipo: "Agora, cá entre nós: tudo por dinheiro, tudo por prazer...". Fiquei triste pelo ocorrido, e este período "coincide" também com o início de meu desencantamento para com o banco (narrado a seguir).

Na quaresma de 2003, deixei a agência do banco onde trabalhara por onze anos, sendo cinco anos como caixa e atendente, e seis anos como gerente. Nesta agência eu tinha conquistado demasiado respeito e confiança dos milhares de clientes, aos quais defendi por muitas vezes, inclusive contra atitudes pouco éticas de alguns colegas, como vendas de produtos malfeitas – eu não permitia desrespeito aos clientes, nem por parte de meus chefes (que, aliás, até então tinham sido muito bons), e conseguia influenciar o bastante para manter a agência na linha. Eu era um dos funcionários mais antigos ali, e tornara-me referência da unidade, condição que denomino "funcionário âncora", alguém que os bancos não gostam de ter: os bancos mudam sempre os gerentes, entre outros motivos porque os clientes passam a perceber que o ser humano vale mais que o banco; e isto não é bom para o banco, que fica meio que "na mão" do gerente naquela localidade (há casos em que, após décadas em uma localidade, o gerente é removido e há uma saraivada de reclamações, abaixo-assinados com nomes do padre e do prefeito e perda de clientes pelo banco).

Até aquele ano, não imaginava que um dia criticaria o banco, como faço hoje. Talvez me chamem de vira-folha, mas ocorre que, desde então, experiências demasiado negativas no banco e meus estudos filosóficos e existenciais me fizeram perceber que não havia muito motivo para eu defender com tanto afinco um nome de fantasia, defender a camisa de uma "pessoa" jurídica.

Aconteceram mudanças paulatinas no banco, algo que talvez tenha me influenciado (como redução de quadro, aumento de metas, etc.), ou talvez eu tenha ficado velho, fraco e covarde, quem sabe... Mas o que mais pesou foi que, então, em 2003, conheci o outro lado do banco, e infelizmente descobri que este outro lado, o pior, era também o maior: descobri que a agência e as condições éticas e favoráveis onde tinha trabalhado por 11 anos eram uma bela exceção.

Começou com a desconfiança generalizada dos clientes sobre minha pessoa, algo a que eu não estava acostumado. Até certo ponto entendia, pois era novo na praça, mas, aos poucos, fui percebendo que o problema era maior: os clientes não confiavam e dificilmente confiariam em qualquer funcionário ali, pois colegas da agência tinham cometido falhas éticas com eles. Falhas dos colegas saltam aos olhos quando você atende e conversa com dezenas de clientes ao dia – se alguém faz algo errado hoje, amanhã você acaba sabendo mediante conversa com o cliente.

Também uma bela colega da nova agência, ignorando minha obsessão ética, me confidenciou que, na agência de onde viera (ela também chegara ali há pouco), agência esta que acabara de ganhar o programa anual de resultados, era "normal", orientação e iniciativa do admirado gerente geral, *a prática da venda casada* (negócio imoral e ilegal, onde o banco condiciona a venda de um produto, como um empréstimo, à venda de outro, como um seguro).

Estava ficando escandalizado com a sujeira generalizada. Sujeira da qual também soubera por meio de conversas informais junto a funcionários de todo o país em cursos na sede do banco.

Apelei para o presidente do banco: mandei-lhe carta anônima (pois no banco a gente tem medo de mandar carta assinada para os diretores) dizendo minha indignação perante uma situação velada e generalizada: *a crença dos funcionários de que não era possível conciliar boa performance comercial com ética.*

E então, em 15/7/2003 recebi, no informativo diário destinado a todo o banco, a resposta do presidente à minha carta, orientando a todos sobre a filosofia do banco que rezava *ser possível, sim, conciliar ética e boa performance.* **Foi o melhor dia de minha carreira no banco,** apesar de não ter contado a ninguém que fora eu o provocador da mensagem. Anos depois contei isso para uns poucos.

Mas os dias bons estavam mesmo se acabando...

Dois meses de agência, troca do gerente geral. Pensei: "vai melhorar...".

Pura ilusão. O novo chefe, que viera de uma agência pequena para uma média, repentinamente teria o "desafio" de uma agência grande: exatamente naqueles dias o banco decidira unificar (fundir) as duas agências da cidade em uma só, e o gerente geral seria ele, que teria a "oportunidade de mostrar serviço", coitado... Já começou por ser obrigado a gerenciar sozinho as duas agências, ainda divididas, por mais de seis meses...

E, como ele queria ou precisava, logo "mostraria serviço". Após ficar quinze dias em São Paulo fazendo curso, eu voltei à agência e me espantei com os altos números de vendas registradas – era quase impossível que tivessem cumprido determinada meta nos dias em que eu estivera fora... Chamei uma atendente e pedi explicações. Ela confessou que o gerente mandara que "cadastrassem" dezenas de vendas. E, simplesmente, não havia os contratos assinados pelos clientes (isso se chama venda não autorizada, é imoral e ilegal). Era uma sexta-feira.

Dias antes, outra colega fora demitida, e todos "sabíamos" (obviamente, não no sentido formal do termo) que o motivo tinha sido também "pular o corguinho" da ética em vendas. O seu esposo também era gerente, e continuara no banco.

Diante de tanta sujeira bancária, após passar o fim de semana com aquelas situações na cabeça, percebi que não poderia ficar quieto: na segunda-feira, então, pela manhã, passei um e-mail para o diretor, com cópia a inúmeras agências, entre as quais a do esposo da colega demitida.

Seria aquele o e-mail *com melhor intenção ética e, ao mesmo tempo, com maior falha política que jamais escreveria*: além de citar Galileu ("a verdade é filha do tempo, não da autoridade"), lembrava aos destinatários que a demissão da colega, cujo nome não citei, juntamente com o acima citado texto do presidente do dia 15/7/2003 (não disse que tinha algo a ver comigo), sobre conciliar venda com ética, deveriam servir-nos de exemplo para reflexão.

PRONTO: na maior das boas intenções (ou seria arrogância?), havia acendido o fogo de meu próprio inferno profissional dos próximos tempos. Esta ocorrência marcou-me, e reforçou minha tese sobre o "caos no mundo das aparências", pois o que se faz com boa intenção, muitas vezes aparenta ser má ação. Já ocorreu, por exemplo, de um pai dar veneno ao filho acreditando que lhe dava água – para quem crê em Deus e na correção transcendental posterior de todo o mal, este pai fez a coisa certa, mas para quem só crê no que se vê, obviamente foi um erro.

Em poucos minutos levaria um sermão do diretor, que recebera ligação indignada do esposo da colega demitida, dizendo-se ofendido em sua família. Assumi o erro político, e tentei explicar ao diretor que a intenção fora boa, e que a atitude fora motivada por minha indignação diante de tanta sujeira que começara a descobrir debaixo de meu próprio nariz.

É natural que, imediatamente, liguei para o colega e pedi desculpas, reconhecendo que eu não "sabia" e não poderia ter ligado o nome de sua esposa a atos indignos.

Como prometera ao diretor no final do sermão da manhã pelo telefone, após esmiuçar as vendas irregulares e questionar a outra atendente, no fim do dia passei-lhe relatório por e-mail denunciando meu chefe e colegas - era minha *obrigação* profissional e pessoal, que podia fazer? Cabe citar que a *obrigação ética* tem prioridade sobre seres humanos: este é o grande dilema da humanidade. Colocar princípios éticos acima do homem é colocar Deus acima do homem, obedecendo à ordem dos mandamentos (*o primeiro é amar a Deus*, não aos homens), e destituir a "ditadura do relativismo" (como disse o Papa Bento XVI em sua posse), ou seja, tirar do homem a medida (teórica, pois na prática é impossível) do certo e do errado. Muita orgia política e social é construída no relativismo.

No relatório, detalhei a confissão das atendentes e cada conta corrente dos clientes que haviam sido lesados no caso. A sujeira tivera sido tão grande e descarada, que haviam lançado algumas vendas até *com a minha matrícula* (número funcional interno); "vendas minhas" escandalosamente datadas dos dias em que eu estivera fora! Mas, apesar da gravidade dos fatos relatados, o diretor, influenciado por defesa do meu gerente, *interpretou meu novo e-mail como uma defesa* minha: como se estivesse tentando encobrir meu erro daquela manhã... Isto soou para mim, inclusive, como uma insinuação de que eu teria sido conivente com aquele tipo de fato, caso não fosse usar da denúncia "para me defender de um outro erro".

A confusão iria longe: meu gerente me acusaria de várias coisas, desde incompetência para vendas até emissão de cheque sem fundos. Aliás, minha defesa para esta segunda acusação foi contundente: realmente, dias atrás, havia caído um cheque sem fundos em minha conta – único em 14 anos, e expliquei os motivos: 1) o cheque fora emitido por minha esposa (R$ 1.500), cotitular da conta, sem meu consentimento ou ciência (eu estava fora da cidade); 2) de certa forma, o banco estava me devendo, pois na data em que o cheque caiu, eu estava em curso em São Paulo, bancando minhas despesas do próprio bolso, após abdicar do direito de adiantamento de verba para viagem; e 3) na data em que caiu o cheque pagara, via débito em conta, uma parcela de cerca de R$ 300,00 de imposto de renda, pois, ao contrário da maioria dos brasileiros, não dava "um jeitinho" de tapear o leão na declaração de imposto de renda.

Fato é que, somando esta decepção profissional à decepção pessoal que me fizera mudar de cidade, o ano de 2003, meu aniversário de 30 anos, ficaria marcado como, talvez, o pior de minha vida, ano no qual ganhei meu primeiro cabelo branco. Aliás, sempre que faço uma década de vida, tenho problema: com 10 anos, perdi minha mãe, com 20, um irmão quase morreu. Então, fiz uma sugestão a Deus dizendo que nem precisa me levar aos 40!

(Observação de 2009: foi muito importante eu ter conseguido ser vice-campeão em 2005/2006 e campeão em 2006/2007 do nosso programa anual de resultados no banco: isso me deixou seguro quanto ao fato de que os problemas pessoais pelos quais passei em 2003 não me tornaram,

de forma alguma, incapaz profissionalmente ou um "revoltado" com a vida. Por outro lado, percebi claramente que os problemas pelos quais passei me ajudaram a ser forte o bastante para demitir o banco. Quando se enfrenta grandes obstáculos na vida pessoal, mudar de carreira não fica tão difícil assim...).

Depois disso, passaria a ser dolorosamente normal eu me deparar com gerentes que se desviavam "só um pouquinho" da ética. Um famoso, idolatrado e respeitado ganhador de prêmios no banco, por exemplo, em 2004 faria uma porção de aplicações financeiras não autorizadas pelos clientes de minha agência. Neste caso, foi até gostoso o jeito com que lidei com a situação: perguntei-lhe se era verdade, ele confessou sem constrangimento, "ensinando-me" que, de vez em quando, era preciso "sair só um pouquinho da linha para ser um vencedor, como ele". Mesmo assim, ele percebeu que tinha errado diante de alguém diferente, e eu lhe disse: "Se estava com dificuldade de cumprir a meta de aplicações, por que não me pediu ajuda? Teria o maior prazer em tê-lo ajudado a cumprir a meta corretamente." (*Yes!* Narciso...) Dias depois, meio embriagado em uma festa do banco, ele me repetia: "eu não sou antiético, Clóvison; eu não sou antiético..."

Naquele ano, motivado por tantas ocorrências e por uma reportagem de uma revista de negócios, onde nosso diretor de RH dizia que estava tentando acabar com o "medo de errar" da cultura e dos funcionários do banco, venci meu medo e escrevi um dossiê extenso e construtivo sobre o assunto para a diretoria do banco; nele, sugeria desenvolvimento do pessoal no campo da ética, com uma proposta inovadora de treinamento. Para minha decepção, mesmo tendo enviado para vários diretores, jamais obtive *feedback*, o que, devo confessar, me deixou profissionalmente magoado.

Recente e curiosamente, encontrei aquele diretor de RH, destinatário principal de meu dossiê, na capa de uma revista de circulação nacional, através da qual soube que ele deixara o banco cerca de um ano após o envio de meu dossiê. A reportagem o mostra na praia, realizando um sonho seu, e fala de seu pedido de demissão, após se perceber cansado dos compromissos profissionais "Doei todos os meus ternos quando deixei o [Banco]" – dizia.

Sinto-me mais confortável pelo que soube através da revista, pois imagino que, talvez por estar muito sobrecarregado, ele não conseguiu responder-me na época; e então fica mais fácil de eu compreender o aparente descaso para com meu trabalhoso dossiê, descaso cuja responsabilidade remeto à estrutura do banco, que talvez este colega tenha também tentado mudar.

Empreendedorismo... (fim ou reinício?)

Em meu último curso de aperfeiçoamento dentro do banco ocorreu algo curioso e profético. Um instrutor externo deu-nos um módulo sobre empreendedorismo, assunto que para mim, que sempre estive envolvido no meio empresarial, soava como repetitivo e cansativo. Porém, em um ponto da reflexão chegava-se a um dilema, que lhe expus: "Pelo que o senhor nos acaba de dizer, se empreendedorismo é, sobretudo, acreditar em si mesmo e em seu potencial, então *qualquer bancário que de fato perceber-se como empreendedor, terá como primeira e imediata reação sair do banco...*". Sua resposta foi simples, rápida e inevitável: "Sim, é isto".

Também nos últimos dias, recebi e-mail com trechos da

palestra de Brian Dyson, ex-presidente da Coca-Cola, falando da relação entre trabalho e outros aspectos da vida:

> *"Imaginem a vida como um jogo, no qual vocês fazem malabarismo com cinco bolas que lançam ao ar. Essas bolas são: o trabalho, a família, a saúde, os amigos e o espírito. O trabalho é uma bola de borracha. Se cair, bate no chão e pula para cima. Más as quatro outras são de vidro. Se caírem no chão, quebrarão e ficarão permanentemente danificadas. Entendam isto e busquem equilíbrio na vida. Como?*

- Não diminuam seu próprio valor, comparando-se com outras pessoas. Somos todos diferentes. Cada um de nós é um ser especial.
- Não fixem seus objetivos com base no que os outros acham importante. Só vocês estão em condições de escolher o que é melhor para vocês próprios.
- Deem valor e respeitem as coisas mais queridas aos seus corações. Apeguem-se a elas como a própria vida. Sem elas a vida carece de sentido.
- Não deixem que a vida escorra entre os dedos por viverem no passado ou no futuro. Se viverem um dia de cada vez, viverão todos os dias de suas vidas.
- Não desistam quando ainda não são capazes de um esforço a mais. Nada termina até o momento em que se deixa de tentar.
- Não temam admitir que não são perfeitos. Não temam enfrentar riscos. É correndo riscos que aprendemos a ser valentes.
- Não excluam o amor de suas vidas dizendo que não se pode encontrá-lo. A melhor forma de receber amor é dá-lo. A forma mais rápida de ficar sem amor é apegar-se

demasiado a si próprio. A melhor forma de manter o amor é dar-se asas.

- Não corram tanto pela vida a ponto de esquecerem onde estiveram e para onde vão.
- Não tenham medo de aprender. O conhecimento é leve. É um tesouro que se carrega facilmente.
- Não usem imprudentemente o tempo ou as palavras. Não se podem recuperar. A vida não é uma corrida, mas uma viagem que deve ser desfrutada a cada passo.
- Lembrem-se: Ontem é história. Amanhã é mistério e hoje é uma dádiva. Por isso se chama "presente".

Sempre acreditei que carregar a cruz de bancário fosse um desafio à minha cristandade, e continuo crendo que os bancários éticos são heróis, mas, então, surgiu um desafio maior.

Culminando com um erro moral em 29/9/06, em 20/10/2006 senti-me irrevogavelmente *obrigado a rasgar dinheiro, status e "segurança", para voltar a priorizar minhas crenças e o amor*, arriscando meu futuro profissional em nome da saúde e do equilíbrio, da verdade e da minha responsabilidade social.

Hoje, *sou mais gerente de minha vida*, e *vou te contar* com mais detalhes sobre esta mudança pela qual estou passando. Falar dela, de modo que você entenda, talvez seja mais difícil *que te explicar* seu extrato bancário, mas, acredito em sua sensibilidade, ser humano leitor.

Não sei aonde vou chegar. Mas sei que não podia ficar parado.

> *"Esta é a escolha que está diante de nós: tentar revolucionar o mundo e sucumbir a isso, ou revolucionar a nós mesmos e recriar o mundo"*
>
> Fulton Sheen.

Sonho e fé venceram dinheiro e razão

(Um dos primeiros atos públicos meus após sair do banco foi publicar o artigo abaixo em minha coluna no jornal *Folha Patense*, em novembro de 2006. Eu ainda era pura fé, hoje sou um sonho realizado, "o Homem Mais Feliz No Mundo", como descrito no texto seguinte, de agosto de 2007, após conseguir superar o período mais crítico dessa minha mudança radical de vida.)

Ao menos um dia: sonho e fé venceram dinheiro e razão... Alma lavada...

Dia 20 (aniversário de uma filha minha) demiti o banco de minha vida: não só o banco onde trabalhava como gerente, mas, principalmente, o "banco" onde eu estava comodamente sentado - em cima de status, dinheiro, "segurança" e aparências... Arranquei a coleira-gravata.

Demiti o "banco" de minha passividade, de minha alienação e conveniência, aonde vinha ocorrendo minha destruição enquanto Ser Humano: Ser provido não só de corpo e mente, mas, sobretudo de *alma* (nosso "átomo divino" do amor, da fé, dos sonhos e ideais...).

Subi no banco, saltei dele para cima e recuperei minha identidade, personalidade.

Recuperei meu *ser*, minha *integridade*: me enfrentei, e derrotei a conivência que ia contra mim mesmo: iniciara-se uma gastrite estomacal e uma "moral", com a *sobrecarga desumana de trabalho e de metas, aliada aos insaciáveis e insanos desejos de mais lucros*, mais lucros, mais lucros - os bancos nunca estão satisfeitos, como naquele ditado: "o escravo do prazer bebe de todas as fontes, mas está sempre com sede"... É por isso que meu ex-banco, como quase todos os outros, não figura entre as 150 Melhores Empresas para Você Trabalhar, a revista *Exame / Você S/A*.

Estava começando, também eu, a cometer atos indignos, ferindo alguns princípios a troco de um "dinheirinho" a mais no fim do mês. Estava virando cúmplice do dinheiro, e a Palavra diz: "Não podeis servir a Deus e ao dinheiro...".

Começava a me corromper, não com atos ilegais, mas IMORAIS. E há muitos exemplos de coisas ao mesmo tempo legais e imorais no comércio, no "mercado": venda de pornografia, de cigarros, de juros de 17,50% ao mês para saldo devedor a descoberto...

Não quero dizer que meus heroicos colegas bancários devam fazer isto... Mas na *minha* individualidade, na *minha* consciência, nas *minhas* circunstâncias e *naquela* altura (ou baixura), *eu precisava fazer isto*:

Era uma questão de *fé em deus, fé em mim e fé no meu irmão, na minha família*.

E também era uma questão de *fé em você: leitor e ser humano*, que há de *provar* para todos, que o que meu pai disse ontem ao telefone *não é* verdade: que *vocês não terão tanto respeito pelo ser humano clóvison quanto tinham pelo gerente do banco clóvison.*

Ninguém pode me impedir de trabalhar. E é o "trabalho que dignifica o homem", *não o salário*. Daí que, como disse Gandhi, "podem me tirar tudo (inclusive salário), mas, minha dignidade, só se eu a entregar".

Sou escritor, palestrante e Ciclista-Acrobata, e estou trabalhando profissionalmente nestas funções desde o primeiro dia após deixar o banco. Com minha bicicleta, minhas acrobacias, e mensagens, promovo a *paz*, a *saúde* e o *equilíbrio*, especialmente para jovens e crianças.

Estas crianças e estes jovens já me pagam, e querem que

eu continue minhas acrobacias e palestras nas escolas, e continuarão me pagando, com seu sorriso e amor...

Pois *amam* o que eu faço,
Acenam e gritam meu nome na rua, quando passo,
Com minha bike e meu peito de aço...
E isto já me basta.

O resto, as outras sobras (dinheiro) de que preciso para viver e manter minha família, isto é fácil: *eu e você* vamos dar um jeito, e *continuar* provando ao mundo que é verdade que quem busca primeiro Deus recebe tudo o mais (inclusive dinheiro) em acréscimo.

Digo continuar, porque foi Deus quem tinha me dado o salário do banco, e é Deus quem já te dava dinheiro para me pagar, na forma de juros, tarifas e seguros. Agora você vai "desviar esta grana", do banco e de outras coisas supérfluas, para pagar para que as crianças, jovens e trabalhadores (até você!) vejam meu show acrobático e assistam a minhas palestras; e talvez para comprar meus livros, textos, figurinhas...

Clóvison Elberth Alves, O Clovin.

CAPÍTULO 2
ENSAIOS EXISTENCIAIS SOBRE QUESTÕES DE ÉTICA

Uma ameaça de morte ao gerente

(Segue carta anônima, enviada por correio, à presidência do banco, meses antes da demissão):

Talvez... A Invenção

"O conteúdo (da moral) é sempre concreto e, por conseguinte, imprevisível; há sempre invenção. A única coisa que conta é saber se a invenção que se faz, se faz em nome da liberdade"
Jean Paul Sartre

"A natureza da obrigatoriedade moral não está na exterioridade" – Filosofando.

"Não existem empresas éticas, existem pessoas éticas que trabalham nestas empresas."
José Saramago

Hoje recebi outra ameaça de morte de um cliente (agiota, insatisfeito com uma regra do banco, cumprida por mim). O sujeito não sabe, mas, morrer, pra mim, significaria não cumprir meu dever; já quanto a esta "morte" (do meu corpo), isto, mais dia, menos dia, ocorrerá de qualquer forma, não me fazendo diferença ("Para mim o viver é Cristo, e o morrer é lucro" – diz o apóstolo de Cristo).

Na verdade, o cliente gostaria de matar o "Senhor Banco", que lhe tirou o talão de cheques, porém, isto não foi possível, pois, surpresa(!): o "Senhor Banco" não existe. E o bom de se receber uma ameaça de morte é que você pode "desabafar", falar o que quiser, pois tem o álibi de poder estar "*alterado emocionalmente*"...Você já pensou nisto (?): que não existem estas tais "pessoas", as jurídicas, para serem ameaçadas em nosso lugar, ou para que disséssemos: "esta empresa é boa, ou, esta empresa má" (já nos alertara Saramago: "Não existem empresas éticas...").

Talvez possa ser assim: não existe um banco bonzinho (banco não faz caridade, não ama) ou um banco malvado (que, p. ex., demite por maldade); existimos, sim, eu e você, e cada um dos outros seres humanos, bons ou maus, envolvidos na *Invenção bancária*. Alguém inventou o banco, alguém trabalha nesta Invenção, alguém é dono e dita as regras da Invenção. Esta Invenção, esta fantasia, tem um nome, também de fantasia, de "valor" bilionário; mas que não vale nada perto de valores como o bem, a caridade, a verdade ou a vida. Daí um dos motivos das crises financeiras mundiais: atribui-se fé ao dinheiro dos governos e às "ações" ou "papéis" das empresas, quando o valor real e maior das coisas, e principalmente dos homens, está neles mesmos, não em números ou palavras. O que vale mais: um bilhão de dólares, ou a sua vida, ou a vida de um Roberto, ou a de um mendigo, ou um sorriso de nenê?

Quando se trata de pessoas de verdade (não as jurídicas) e com valores de verdade (não os financeiros), lembramos que empresas, dinheiro, números e metas, são Invenções que podemos usar para fazer o bem ou o mal. Dependendo do *significado que escolhemos* para estas Invenções, *agimos bem ou mal*, equilibrada ou desequilibradamente.

O que significa um lucro de $X bilhões? O que significa seu trabalho? Seu salário? A partir da resposta a estas perguntas, *visando o bem e o ser humano*, podemos, imaginariamente, formar dois times com as pessoas envolvidas na Invenção bancária:

> Ao primeiro time, dos regrados, chamemos Equilibrados Felizes. Nele estarão aqueles para os quais o lucro e o salário já estão excelentes, e para os quais o trabalho que fazem já é o bastante, e o uso que fazem da Invenção é bom. Doravante sua meta será manter a dignidade, o equilíbrio, a sensatez, além de trabalhar bastante ("o trabalho dignifica o homem"), fazendo jus ao seu salário. Estes não vão mais se preocupar, estressar-se ou mover uma palha com metas para aumentar os lucros. Até acionistas podem ser aceitos no time. Seu "gol": a vida.
>
> Ao segundo time, dos desregrados, chamemos Desequilibrados Infelizes. Nele estarão os que querem maiores lucros e mais (ou menos) trabalho para si; são infelizes com o trabalho e com o que ganham. Para estes é preciso menos custos, menos trabalhadores, e sempre mais lucros (seu lema: "o escravo do prazer bebe de todas as fontes, mas está sempre com sede" – autor desconhecido). Sua meta será dinheiro infinito: insanos, estarão sempre se estressando e movendo palhas (p. ex., inventar novas tarifas e planos) para maiores lucros e metas. Estes dirão que fazem bom uso da Invenção. Há até simples atendentes entre eles. Seu "gol": o lucro.

Enfim, podemos dizer que o banco não existe, não pensa, não é gente. Existem, sim...

De um lado, pessoas que têm orgulho de seu sacrifício, que não têm medo e que se expõem, que são regradas e enfrentam as metas e a morte cara-a-cara com o cliente e com a verdade da vida – estas podem morrer, porque estão vivas. De outro lado, outras "pessoas", escusas, "protegidas" sob o manto, sob a máscara, da Invenção; estas não estão sujeitas à morte, pois são sombras, não estão, de fato, vivas.

De que time você será?

Colaborador Especial Ameaçado"

(Comentário: fui questionado por um superintendente de educação do banco, sobre uma possível "incompatibilidade" entre meu desejo de ser instrutor na área de Ética e o fato de ter enviado uma carta-sugestão anônima ao presidente. O tema é polêmico, e este texto acima pode iluminar a questão.)

Na alma do gerente: Dignidade e integridade

"É um milhão de vezes melhor parecermos desleais perante o mundo, do que sermos desleais com nós mesmos"
Gandhi

"Podem lhe tirar tudo, mas a dignidade, só se você a entregar"
Gandhi

"Não temais aqueles que matam o corpo, mas não podem matar a alma".
"Não é aquilo que entra pela boca que mancha o homem, mas aquilo que sai dele". (Da Bíblia)

Dignidade: a felicidade espiritual.

Penso que possa haver dois tipos de felicidade: a emocional, aquela que a maioria chama apenas de felicidade, e a espiritual, que para mim pode ser sinônimo de dignidade. Escolhi entender assim as "felicidades".

A "felicidade emocional" é esta: variável conforme o que vem de fora e me atinge, como a morte de um ente querido, ou como dor de dente, como uma dúvida sobre o mundo, a perda de emprego, uma prova de amor da esposa, o carinho dos filhos, etc. Aqui, eu torço muito para ser feliz, e só o que posso fazer é isto: torcer, já que nada que vem de fora depende exclusivamente de mim; então, tenho esta felicidade como secundária, alienada (fatalista) e instável, como tudo o que vejo. Nela, sou predominantemente passivo.

Já a "felicidade espiritual", ou dignidade, é prioridade para mim, pois diz respeito a algo que vem de dentro de mim (onde sou predominantemente ativo) e de algo transcendental, divino. É a *felicidade da retidão, da integridade do sujeito*, onde minha alma, mente e corpo, estão em sintonia, e onde só depende de mim, com Deus, ser invencível, aproveitando plenamente os dons do livre-arbítrio e da fé para não me deixar dividir, corromper ou alienar. Ninguém pode me arrancar a fé, o amor. Ninguém pode me obrigar a matar, a errar. *Só esta possibilidade de vida é inteiramente minha. Só isto está inteiramente em meu controle.*

Dignidade é isto: a única coisa que ninguém te rouba. Podem até matar seu corpo, por exemplo, mas se você não vacilar, e com a ajuda de Deus, jamais alguém lhe tira esta felicidade, a de não oprimir, a da correção.

Dignidade é isto: nada que vem de fora me atinge, me prejudica, me torna impuro, como diz a Bíblia, e, se sigo meus princípios, de amar e de crer, nada, ninguém, me derrubará. Aqui posso ser Imbatível, ser Eu, ser Divino... (sacerdote, profeta e rei). *Só na dignidade, só na espiritualidade*, talvez possa, de fato, acontecer de acabarmos, ou melhor, de *nos eternizarmos, assim*:

E eles foram Felizes para Sempre...

* *"Na raiz de inúmeros males da nossa civilização, encontra-se a* discrepância entre a palavra, o credo e a ação. *É a fraqueza das igrejas, dos Estados, dos partidos, das pessoas. Isso dá, aos homens e às instituições, personalidades fendidas. Gandhi era dono de saúde mental, porque, nele, a palavra, o credo e a ação compunham uma só coisa; só ele era um integrado.* Este é o significado da integridade." Louis Fischer, biógrafo de Gandhi.

O contexto de mercado: a "era da ética" nas empresas

"Não existem empresas éticas, existem pessoas éticas que trabalham nestas empresas. / Se a ética não governar a razão, a razão desprezará a ética"
José Saramago

Empresas e instituições vêm disseminando um conceito que tem sido chamado de "era da ética nas empresas". A princípio, esta "onda" aparenta ser "tudo de bom", mas um olhar levemente mais atento pode dar a perceber que os empreendimentos nesta direção escondem intenções que vão do louvável ao diabólico.

Que as empresas passem, formalmente, a ter responsabilidade social, preocupação com o meio-ambiente, com a comunidade e com a qualidade de vida de clientes e funcionários, etc., na medida do possível, isto sim, é algo positivo, sem dúvida.

Porém, apoiados nas colocações pertinentes do Saramago, citadas acima, reflitamos:

- "Era da ética" é um termo que pode equivaler a "está na moda o bem", o que nos traz uma inquietação: se, fazer o bem é algo que está na moda, o que vai acontecer com as empresas e conosco quando a ética sair de moda?
- Vários códigos de ética estão sendo criados e políticas empresariais estão sendo mudadas tendo *um objetivo, um propósito: o de atender à demanda do mercado* e da sociedade por empresas e produtos "éticos". E me pergunto: fazer o bem (legítimo) é algo de valor próprio, ou algo que *depende de demanda e de resultados para valer*?
- Depois da moda dos livros de auto-ajuda, agora, livros de estímulo à espiritualidade, como *O Monge e o Executivo*, estão, conforme o uso que se lhes faz, ora construindo seres humanos melhores, ora promovendo o maquiavélico: manipulando, tentando instrumentalizar a fé, em favor da ambição.

Uma opção de entendimento, que me parece sensata, sobre a questão repousa na observação quase óbvia, mas que nossa mente, tão impregnada de conceitos e cultura, às vezes não percebe: as "pessoas" jurídicas, as empresas, instituições, etc., não são *pessoas* de verdade, são *coisas*, objetos, conceitos, e, como tais, *não pensam, não têm caráter*. Daí que, de certa forma, dizer que a empresa Y é "má" porque poluiu ou demitiu, ou dizer que o governo é "ético" ou "antiético", são colocações quase tão descabidas como dizer que uma abobrinha é bondosa ou que um parafuso é mentiroso.

Apenas cada ser humano, cada sujeito, é ético, ou não. O Lula é ético, ou não; eu sou ético, ou não; você é ético, ou não. Não se pode dizer de grupos, generalizar: "os brasileiros são honestos", pois ética é, primeiramente, algo pessoal, individual, nunca impessoal ou geral. Não se pode dizer: "culpa do governo" (quem é o governo?!).

Assim, empresas são coisas deste mundo, e tem "objetivos objetivos", objetivos deste mundo: lucros, vendas, resultados, etc. Secundariamente, podem até dizer de objetivos nobres, de valores humanos; *dizer.*

Já as pessoas podem priorizar tanto objetivos deste mundo (lucro, etc.), se rebaixando ao nível das empresas, das coisas, quanto "objetivos subjetivos", indecifráveis, transcendentais, como a ética, o bem, o amor, etc. Nesses últimos casos, na afirmação do sujeito como único ser provido de espírito, capaz de ser íntegro, formado de matéria e de razão, mas também de espírito, de moral, de algo divino: nestes casos *as empresas são empregadas do ser humano, não o ser humano empregado das empresas.*

Resumindo: "a César o que é de César, a Deus o que é de Deus": às empresas, os lucros, ou prejuízos. À pessoa, a dignidade, ou a indignidade.

CAPÍTULO 3

CONDIÇÕES DE TRABALHO E O ASSÉDIO MORAL: O INFERNO DO BANCÁRIO ÉTICO

Legalidade não significa moralidade

A maioria do material que se tem registrado sobre assédio moral busca caracterizá-lo pelas relações entre os bancários, especialmente de chefe para com subordinados. A abordagem, deste ponto de vista, coloca bancários contra bancários, dividindo a categoria e ocultando a verdadeira máquina de opressão, a raiz do problema, que está na organização e nas condições estruturais de trabalho dos bancários. A opressão maior está na *impessoalidade* do sistema, que coloca seres humanos contra seres humanos, sejam eles bancários ou clientes, encurralados em uma *estrutura* pré-determinada: "o sistema funciona assim, fazer o quê? — Quem sou eu para mudá-lo?". Esta é a essência da *coisa Banco*, à qual se sujeitam bancários e clientes diante dos insensíveis caixas eletrônicos.

Ocorre, na prática, a restrição à liberdade do sujeito: o cliente preso na porta giratória e eu, gerente, dizendo: "é a modernidade... é para sua própria segurança..."; ou o cliente reclama do abuso de taxas e eu, gerente, dizendo: "fique calmo, *tudo se explica pelos números* de seu extrato e tudo se ampara na legalidade". Uma boa analogia para a questão é a que pensei sobre o vendedor de bananas que ficava na calçada em frente ao banco: ele, mesmo sendo um sujeito que talvez passe necessidades em casa, *tem vergonha na cara* e jamais me pediria R$20,50 (preço de uma tarifa bancária) por uma dúzia de bananas, já o banco *não mostra a cara*, nem é sequer imoral, *é amoral*. Não se incomoda de cobrar mais para lucrar mais. O banco não marca presença para negociar com o cliente: simplesmente aumenta a tarifa, muda o cartaz (como prevê a lei) e deixa alguns pedaços de gente (bancários) para informar ao "desavisado" cliente que "está tudo certo". (Observação de 2009: nos últimos anos as leis têm tentado frear os bancos, mas eles são espertos demais para a lentidão das leis e das políticas públicas de defesa dos consumidores).

Este é o efeito maior da impessoalidade: a insensibilidade, o desumano, o determinismo.

Na estrutura bancária, os justos pagam pelos pecadores: em bancos, os estelionatários têm seu sustento garantido pela incorporação de um percentual à taxa de juros cobrada dos honestos (tecnicamente chamada na contabilidade de provisão para "devedores duvidosos").

Finalmente, será que "é claro que não podemos fazer nada, pois o mundo é assim?".

"Fazer nada" uma P..., me desculpem: Eu estou escrevendo o livro, denunciando; e você está lendo o livro, e cada um não só pode, como deve, fazer a sua parte, mostrar que é *ser humano*, não marionete do sistema financeiro e mercadológico.

Se o que escrevo é só desabafo, dor de cotovelo ou sensacionalismo, então quero que caia sobre minha cabeça tudo o que este mundo for capaz. A minha dignidade, *eu não entrego.*

Mas não precisa acreditar no que digo abaixo.

É uma visão parcial: apenas o ponto de vista de um obcecado pelas coisas certas.

Não acreditem. Exceto se suas próprias experiências julgarem ser verdade.

As críticas se referem a mim mesmo, que, de certa forma, fui "banco" por 14 anos.

Perceba-se, primeiramente, que...

...Legalidade não é, necessariamente, sinônimo de moralidade...

E que existem coisas legais *e* imorais, como revistas pornográficas, cigarros, absolvição de deputados corruptos, juros de 17,50% ao mês sobre saldo devedor a descoberto...

Revelações sobre o trabalho do bancário

- *Em geral, você precisa convencer o cliente de coisas que ele não precisaria ou que não deveria,* como ter *excessos* de gastos, comprando os produtos supérfluos dos bancos (promovendo o consumismo), ter *excessos* financeiros para aplicar suas sobras no banco (promovendo a avareza) ou ainda, ter *excessos* de gastos para tomar empréstimo (promovendo a prodigalidade). Em contrapartida, *principalmente na gerência, você vai lidar o tempo todo com pessoas com estes desvios de caráter – consumistas, avarentos e pródigos* — o que, convenhamos, vai ser um desastre para sua própria personalidade. Este é um tipo de raiz do mal estar e estresse dos bancários e que, parece-me, ninguém havia se dado conta: pessoas equilibradas, com finanças equilibradas, não dão lucro para os bancos nem trabalho aos gerentes e atendentes;

- *Você chegará ao trabalho com a consciência pesada* por não ter conseguido realizar todo o serviço da véspera e, pela manhã, receberá "relaxantes" telefonemas de emitentes de cheques sem fundos e *"desafiadores (!)" relatórios de novas metas*;
- Você vai perceber que *o ser humano que mais sofre com os bancos, o idoso, é o mais resignado*, suportando, calado, suas dores nas filas, talvez para se sentir como "incômodo menor à modernidade", ou como forma de "fazer jus" ao benefício que ali recebe — é muita sorte dos bancos que o idoso vá até eles no dia de receber seu soldo, num dia feliz;
- Ao passar pelo saguão, filas ou caixas eletrônicos das agências, pessoas, *seres humanos clientes pedem, precisam, às vezes imploram, por sua ajuda, mas você não pode ajudá-las* (isso te dói na alma): não é possível – você está sobrecarregado de tarefas, telefonemas, metas, números, papéis, outros clientes te aguardando, fax e e-mail chegando, etc.etc.etc...
- *Sempre há mais trabalho do que você consegue fazer:* este é o maior segredo de produtividade dos bancos para qualquer empresa: se o Sr. dá 200 tarefas para o funcionário, sabendo que ele consegue fazer 100, o Sr. terá ele 100% ocupado, produtivo, e ainda o terá "em suas mãos", pois, implícita ou explicitamente, ficará "claro" que ele não teve competência para cumprir "todas as suas obrigações". Então, na reunião ou no e-mail, o Sr. poderá indicar-lhe um livro de autoajuda e citar-lhe uma frase para reflexão, do tipo: "A falta de tempo é desculpa de quem o perde por falta de *método*" (esqueci o autor). Mas o Sr. será "compreensivo e

humano" com ele, esquecerá o passado, *desde que ele se comprometa a fazer mais.* Com a sobrecarga (virtual, ou L.E.R.-deza, talvez...) de trabalho, você é induzido a sentir-se *incapaz, incompetente, irresponsável* e o principal: *você sempre vai pra casa com a sensação do dever não cumprido*, e lá chegando, é natural que, no mínimo, não consiga brincar com seus filhos e muito menos "brincar"com sua esposa;

- *Você passará todo o tempo fora do banco* (porque dentro do *Banco não dá tempo de pensar, só de agir*), especialmente as madrugadas, pensando e tentando descobrir qual aquele "método" brilhante de quem consegue fazer (!) 200% do que é capaz...
- *Telefones tocam o dia todo*: pessoas precisam de sua ajuda, e você não consegue atendê-las. Aliás, brinco que a única coisa "boa" de se trabalhar no banco é que você pode escolher sua função: se quiser ser telefonista, e ficar o dia todo atendendo telefone, há trabalho; se você quer ser digitador, e ficar o dia todo digitando, há trabalho, e assim por diante.
- O "engraçado" é que você aprende muito bem com o banco e com o dia a dia que, *se você não atende a todos os telefonemas e pessoas, BINGO (!): você tem menos problemas!*
- *Você precisa convencer os clientes de coisas que não querem*, e que lhes faltam algumas coisas na vida, que são pessoas infelizes e incompletas, e que, finalmente, a "segurança, a comodidade e a praticidade que lhes faltam para realizar seus sonhos e ser uma pessoa mais feliz virão com um novo empréstimo, com o cartão de crédito ou com o seguro, p.ex.".
- Você promoverá diariamente os jogos de azar: os bancos descobriram a fraqueza das pessoas com o jogo, e tudo

que é produto bancário atual tem a "vantagem gratuita" de o cliente participar de um sorteio...

- *Frequentemente você vai se sentir ridicularizado em seu esforço profissional*, pois, enquanto você vai levar anos para cativar um cliente e convencê-lo dignamente a comprar um produto, em um simples aperto de botão pela manhã, a diretoria vai inventar uma nova tarifa muito "legal" e debitar para milhões de clientes. É algo assim: como se você estivesse em um barco de pesca, onde você fica por horas pescando com a varinha para pegar um peixinho quando, de repente, o capitão do barco solta uma bomba submarina e faz um arrastão com uma rede e uma máquina sugadora ao seu lado.
- *Você precisa discriminar quem não vai ser atendido* (o cliente do fone, ou o que está com pressa na sua frente, ou o do e-mail...): já que não vai dar tempo de atender a todos;
- *Não há quem fique no seu lugar se você precisa, eventualmente* – jamais existem colegas extras para ficar no seu lugar enquanto você bebe água ou faz xixi, quanto mais para cobrir suas férias, licenças, etc. No banco, a "estrutura é enxuta", seca, árida, às vezes, deserta, abandonada.
- *Você irá mendigar vendas de produtos* – será comum pedir para clientes amigos, ou familiares, "por favor," para que te comprem um produtinho e te ajudem a cumprir a meta. Esta é uma saída para alguns bancários não perderem completamente a dignidade "dando jeitinhos" de cumprir metas, ou seja: mendigam (se humilham) para não se prostituírem.
- Você, especialmente *gerente ou tesoureiro (e respectivas famílias), terá, automaticamente, a preferência dos sequestradores* (em matéria de 2006, o jornal *O Estado de Minas*

denunciou que mais de 1000 casos já tinham acontecido nos últimos anos). Mas é claro que você vai receber "todo o apoio" do banco, que lhe disponibilizará um úmero de telefone do departamento de segurança interno (com sorte, vai ser um 0800! – ao ser sequestrado, bastará telefonar e aguardar a atendente ouvindo a musiquinha);

- *Todos os dias você vai pra casa com a sensação do dever não cumprido, repito;*
- Ocorrerão mudanças diárias em várias normas e sistemas de trabalho, com *dezenas de mensagens, recomendações e instruções diárias que te enlouquecerão*, especialmente porque várias dessas mudanças (você está na frente de batalha e sabe) são injustificáveis e inócuas; e você percebe que há inúmeros trabalhadores desperdiçados, gente que poderia estar te ajudando na agência, e que está alocada em áreas como "Departamentos de Mudar para Mudar" e o "Departamento Não Acabar";
- Assim que você conseguir, após vários dias, explicar ao seu cliente o layout do extrato, ou como usar o caixa eletrônico, exatamente neste dia *o banco vai mudá-los*;
- *Sempre há regras operacionais que você está infringindo:* nunca há tempo para ler os inúmeros e intermitentemente mutantes normativos, o que só não é pior do que lê-los e descobrir que quase tudo o que você faz está com alguma "inconformidade". Isto te dá a *dolorosa convicção de estar sempre apto à demissão* por justa causa: a qualquer momento, basta uma simples auditoria. Uma tormenta;
- *A qualidade do seu trabalho, com as sobrecargas, irá de mal a pior:* você não vai ter tempo pra nada, então, fará tudo depressa, e "a pressa é inimiga da perfeição". É lógico que a maior parte do serviço que você terá de fazer não vai ficar com qualidade ruim *já que você não vai sequer fazê-la*. E, numa tragicomédia (!), você vai come-

çar a gostar de não fazer certas coisas que precisariam ser feitas, porque, assim, você diminuirá a quantidade de coisas malfeitas. "Quem não faz, não erra" (BINGO! – VIVA a conveniência, a passividade, o comodismo, o continuísmo, o fatalismo.) – aliás, considerar que quem não faz nada errado e fica vendo a novela da vida é uma boa pessoa é a maior tragédia ética e moral mundiais;

- *Você não deve se preocupar com a satisfação implícita,* mas com a não-insatisfação (não reclamação) explícita dos clientes – o que vale não é a verdade, é a imagem;
- *Você, gerente, funciona como uma espécie de "cala-a-boca" dos clientes,* fazendo inúmeros estornos e ressarcimentos diários de juros e tarifas, para que nada chegue aos PROCONs, fóruns, etc. Cada cliente reclamante, após o problema do próprio umbigo resolvido, desiste de reclamar. Outros noventa e nove toleram os abusos contra a economia popular e fazem a "pizza do lucro" do banco, da qual me alimentei por anos.
- *A contribuição social de suas tarefas não é sequer ruim, é nula, desprezível:* várias pesquisas sobre satisfação no trabalho consideram a identificação do trabalhador com o significado social de suas tarefas como determinante para que se sinta realizado. Já no banco, esta identificação, esta sensação de valor social, ai... Veja o tipo de relacionamento com a comunidade que você vai ter: "Vamos fazer um seguro? Se não tiver sorte, o Sr. nos paga por ele e não recebe nada em troca, mas, se 'tiver sorte' e sua casa cair, ou o Sr. morrer: fique tranquilo (!): ao menos em dinheiro alguém vai 'botar a mão'". Mas esta discussão não gera comoção pública, é algo banal.
- *Não há água para beber no saguão da agência: nem pro cliente nem pra você* — água não cabe no orçamento e enfeia o layout, o visual.

- Você vai conhecer e apertar a mão de inúmeros bandidos, em especial estelionatários, que vão frequentemente tentar abrir conta com você, com documentos corretamente (!) falsificados e tudo o mais. E *você não vai poder fazer praticamente nada para proteger a sociedade desses marginais*: se mandar prender, dia sim dia não, vai ter polícia e escândalo na agência, você vai arriscar o pescoço, a cadeia não vai ter espaço, você vai perder tempo para cumprir metas, etc. E então, você, mesmo negando-se a abrir a conta, vai ficar quietinho e vai ser cúmplice desta galera! Sua consciência vai ficar "levinha"...
- *Outro inferninho na vida do bancário se chama porta giratória com detector de metais*: em inúmeros casos, ou você vai até ela e autoriza o vigilante a "liberar geral", colocando a corda no próprio pescoço por descumprir normas, ou você coloca o próprio pescoço na corda, por mau atendimento, deixando acontecer um motim de clientes furiosos tentando passar pela porta e emperrando a entrada do banco nos dias de pico,
- Os bancos, aos poucos e astutamente, foram descobrindo que, *se abandonarem os clientes em frente às máquinas* (naturalmente mais baratas e caladas que os seres humanos), os ganhos são imensos: nos caixas eletrônicos, *os clientes acabam "se virando"*, com senhoras e idosos levando filhos e netos - minibancários não remunerados – para ajudá-los a operar as máquinas. Nessas áreas, devidamente desprovidas de auxiliares bancários, os clientes ficam impossibilitados de reclamar para alguém de verdade; e as máquinas os escutam tão bem quanto uma parede. Duplo ganho: não há reclamações de clientes, nem de funcionários descontentes.
- *Você, especialmente gerente, funciona como um "para-raios humano"*: o cliente que conseguir ser atendido

terá, no mínimo, duas queixas: a que trouxe de casa (pois ninguém fica na fila do gerente para falar de coisas boas) e a da demora para ser atendido;

- *Você, gerente, vai ter poder de decisão relativamente menor que o dos office-boys* de seus clientes: em situações conflitantes que comumente ocorrem entre banco e cliente, geralmente o *boy* de seu cliente até decide pelo mesmo; já no caso da autonomia dos funcionários do banco, mesmo "gerentes", tomar uma decisão em nome da empresa e que implique ceder a favor dos clientes (como disponibilizar-lhes água pela colocação de um bebedouro no saguão da agência – coisa que cheguei a tentar) é quase um sonho, já que o poder de decisão está cuidadosamente alocado a vários degraus hierárquicos do seu alcance. De fato e em geral, o poder de barganha do cliente diante da superestrutura é desprezível, situação maquiada por estornos eventuais de tarifas e por *registros* muito bem feitos e arquivados de suas reclamações.
- *Trato cortês para atritos e reclamações:* há um atrito, você diz que a posição do banco é tal, se o cliente persiste na colocação, você repete seguidamente várias vezes, se ele não se alterar emocionalmente ou não ameaçar ir ao PROCON, você vai mantendo a posição até ele desistir, neste meio tempo, diz que a posição do banco é tal e que há amparo legal, diz que entende seus motivos, etc., mas que não pode fazer nada, exceto se compadecer, se o cliente persiste ou começa a se enfurecer, você finalmente o "acalma", registrando e numerando imediatamente e de forma cortês a sua reclamação. Talvez até lhe estorne uma tarifazinha...
- *Utilidade da ironia:* como se vê no item acima, a ironia, a persuasão e as formalidades são as maiores ferramentas do bancário, talvez como nos escândalos do Congresso.

Uma de minhas "tiradas irônicas" mais tradicionais: o cliente chegava irado e inconformado por não poder pagar um tributo com cheque de outro banco. Como, neste caso, eu acreditava que a culpa realmente não era nossa (não era do banco, já que parecia advir de uma imposição contratual do governo), eu de pronto me colocava solidário, exclamando com a mesma indignação do cliente: "eu também acho um ABSURDO essa situação: você quer pagar o imposto e não pode! Sinto muito mesmo que nós não possamos atendê-lo por motivo alheio à nossa vontade...". Era ironia no bom sentido e de boa-fé: eu acreditava no que dizia.

- Você vai ter de *ser criativo para justificar o motivo de os juros do banco serem maiores do que dos agiotas,* algo que parece ser bastante incomum na história da humanidade, como me ensinou meu pai;
- No dia em que você pedir demissão ou for demitido, você provavelmente vai ter de *digitar os documentos de sua própria demissão, como foi o meu caso,* pois não haverá pessoal suficiente sequer para te mandar embora;
- No dia em que sair do banco e for escrever um livro sobre as opressões contra clientes e funcionários, *você vai ter de falar pouco e genérico,* pois muito do que você poderia falar de mais contundente fere alguma lei que protege as informações das empresas. Apenas a justiça pode te permitir falar (em juízo), e para isso me coloco à disposição;
- *Você não vai ter forças e não vai conseguir explicar para seus amigos e familiares, "objetivamente", qual o motivo de seu estresse:* "como pode se sentir estressado (!?): alguém que ganha muito bem, tem inúmeros 'benefícios', 'trabalha seis horas por dia' (várias pessoas acham que o serviço do bancário coincide com o horário de funciona-

mento das agências) e fica no ar-condicionado, 'girando' em cima de uma confortável cadeira..."

- Na linha do pensamento acima, no dia em que você tiver um ataque cardíaco ou pedir demissão devido ao estresse, *seu advogado e seu médico vão lhe dizer que não configura, que não existe, um tal de "NEXO CAUSAL" que a justiça ou a medicina entendam ligar a sobrecarga de trabalho a sua doença psicossomática.* Foi tudo fruto de imaginação sua e de incompetência sua em se cuidar!
- *O nome do banco vai impregnar em você*, e você mesmo vai se pegar apresentando-se às pessoas como sendo não o fulano de tal (alguém independente, ou de alguma família), mas como o FULANO DO BANCO TAL; e, então, se um dia você for demitido repentinamente devido à "adequação de pessoal à realidade de mercado", você vai, de certa forma, morrer, ao menos socialmente. Perceberá que muitos respeitavam não o "Fulano", mas o "Do Banco Tal";
- *Todos os dias você vai para casa com a sensação do dever não cumprido, repito;*
- *Você não vai ter conversas descontraídas com ninguém:* como você tem sempre mais trabalho do que consegue realizar, e se é uma pessoa responsável, jamais irá "jogar conversa fora" com clientes ou colegas. No meu caso, se somar o tempo que gastei com este tipo de conversa nos meus seis últimos anos de banco, deve dar, no máximo, uns 40 minutos, o que dá um pouco mais de 1 minuto/mês. Para se comparar, recentemente, antes de ser atendido, ouvi os funcionários de uma repartição pública conversando amenidades durante uns 6 minutos ininterruptos (!), algo que eu levaria metade de um ano para conseguir fazer. Nessas circunstâncias, exceto se fizer um tremendo interrogatório pessoal na festinha de fim de

ano, pode levar anos para saber se a colega da mesa ao lado é casada, ou se tem filhos.

- *No caso de clientes, será obrigado cortar conversas "inúteis"* em questão de segundos, especialmente se trabalha nos caixas, onde a fila cresce a cada instante. Na gerência, vão querer desabafar com você de vez em quando, e você se tornará um "psicólogo *fast food*", dando soluções para a vida do cliente em 2 ou 3 segundos. Achava até bom, de certa forma, porque não gosto de falatório (talvez tenha me tornado frio e calculista no banco) – várias vezes eu apelava para o "curto e grosso" para dar soluções aos clientes: *"gaste menos que ganha — ponto final"*, e, se o cliente insistisse, deixava transparecer: PONTO FINAL.
- *No banco, ao menos onde eu trabalhava, não há internet nas agências:* você não poderá ficar navegando de vez em quando para se descontrair e conhecer coisas novas (o que é ruim), nem para vagabundear virtualmente (o que é bom).
- *Você, bancário, quando sai do banco* – isto é testemunhado por inúmeras pessoas – *não tem profissão, não é nada.* O trabalho que fazia lá dentro não serve para praticamente nada aqui fora, e você terá sua identidade ainda mais abalada quando descobrir isso, agradecendo a Deus se tiver deixado o banco a tempo de refazer sua carreira e sua vida, ou lastimando ter desperdiçado sua vida atuando numa função sem sentido ou utilidade social;
- *O passado passou, não importa se ontem o banco bateu recorde de lucro: você precisará dar mais de si:* mais (cruz), e mais (cruz), e mais (cruz), e...
- *Por fim, você ganha muito bem pra isso e está tudo dentro da lei, além do que, há milhões lá fora sedentos pela sua vaga... Então, CALE-SE, CONTENTE-SE.*

"Metas desafio": o tormento

- *As duas palavras mais temidas pelo bancário são "meta" e "desafio", mas, o horror mesmo, é quando elas são aplicadas conjuntamente.* Se você quiser xingar um bancário, é só falar pra ele que vai lhe dar uma "meta desafio"!
- "Meta" é sinônimo de objetivo, que é antônimo de subjetivo, que, por sua vez, diz respeito ao sujeito; resumo: *meta, desde a origem, é algo contrário ao sujeito.* Até porque, se analisarmos filosoficamente, a única meta humana que pode salvar-lhe é a vida após a morte ou algo parecido, proveniente da fé, do subjetivo. Todas as outras metas de nada adiantam – é por isso que o homem vai até a Lua com a objetividade, mas muitas vezes não se encontra, e quando volta da Lua e descobre que só tinha fé na ciência vazia, vira alcoólatra ou algo parecido.
- *Já a palavra "desafio" funciona como uma tortura para o bancário*, que gostaria de vê-la fora do dicionário. Ela é usada pelos superiores como uma bala "dum-dum" que, após entrar em você, explode lá dentro: é uma palavra "mágica" capaz de voltar a pessoa contra si mesma (ela te induz a pensar que a meta é sua, não do banco).
- O orçamento de metas dos bancos geralmente é anual, dividido em meses, com metas lembradas diariamente, espremidas para cumprimento em algumas horas e cobradas a cada minuto de você, por você mesmo ou por superiores e colegas. É como uma gota d'água pingando na sua cabeça intermitentemente: na véspera do lançamento das "metas desafio", você já saberá delas, e as decorará instintivamente, como um leão marca sua presa; mesmo assim, no primeiro dia do *mês você receberá suas metas por inúmeras vias: por e-mail, por telefone, por informativo interno, por relatório eletrônico, por relató-*

rio físico, por seu chefe imediato, pelo chefe do ser chefe, pelo chefe do chefe do seu chefe, por reuniões específicas sobre o tema, pela manhã e pela tarde, etc. No segundo, terceiro, e em todos os demais dias do mês não será diferente. Meta, meta, meta...

- Imagine: após interiorizar imediatamente um dado simples como uma meta, algo como "dois mais dois são quatro", em seguida e a todo instante seu chefe, o telefone e os relatórios te "lembrarão" (afligirão, atormentarão): "_dois mais dois são quatro, dois mais dois são quatro, dois mais dois são quatro..."(!). VOCÊ COMEÇA A DUVIDAR DA PRÓPRIA SANIDADE MENTAL, ora se questionando se você é tão burro assim, ora chegando a se questionar se dois mais dois realmente são quatro.
- O mais interessante de quando (nestes telefonemas, reuniões e cia.) *te cobram redundante e intermitentemente o cumprimento das metas, é que estão te roubando seu preciosíssimo tempo para cumpri-las!* É como estar se afogando e vir alguém para te "ajudar", subindo nas suas costas e gritando: NADE, NADE, NADE!
- Veja uma situação extremamente comum: você está em um dia normal, sobrecarregadíssimo de metas, trabalho e clientes à mesa, é hora de almoço e apenas metade da equipe está na agência atendendo, seu estômago doendo, bexiga estourando, sede, telefones tocando, e-mail piscando na tela, clientes chegando ao lado e te cutucando, sua fila crescendo, as pessoas se enfurecendo, o vigilante chamando — pois a porta giratória está travada precisando de que você corra lá para verificar, um colega ao lado pedindo um visto (que você vai dar para liberá-lo, sem conferir nada e "colocando o seu na reta"); neste momento, por um quase milagre, você está prestes a concluir uma venda de um produto, quando um colega ao

lado grita: "TELEFONE: DIRETOR". *Você prontamente atende, "ganha" uns trinta minutos de "conselhos" que se resumem invariavelmente em "VENDA E NÃO ATENDA MAL", e concomitante e consequentemente você perde aquela venda que ia fazendo e piora sobremaneira seu atendimento!!!*

- A última novidade em metas é conseguir que os clientes não registrem reclamações em PROCONs, BACEN, etc., para não ferir a imagem do banco. Naturalmente que, se você não consegue cumprir esta meta, algo que está "inteiramente em suas mãos", você perde comissões. Ou seja, quando você deixar de ganhar a comissão da venda que ia ser feita quando seu diretor ligou, você piora o atendimento, contribui para que os clientes reclamem naqueles órgãos, perde comissão pela reclamação, e, dias depois, recebe "totalmente grátis" um novo telefonema do diretor, perguntando "educadamente" (comigo já se usou, mais de uma vez, o termo "merda"): POR QUE VOCÊ NÃO CUMPRIU A META E NÃO ATENDEU BEM? E neste telefonema o ciclo vai recomeçar: você perderá outra venda, etc., etc., etc. (Agora, que estou fora do banco, chega a ser hilário, mas quando você está lá, você só pensa uma coisa: "tenho que bater as metas para não ser ralado ou demitido").

Atendimento e vendas: os papéis e os papelões

Via de regra, as duas funções do bancário são atender e vender. *Muitos, ao sonhar com um emprego no banco, acham que ser bancário é qualquer coisa, menos ser vendedor*: pensam que ficarão apenas digitando, atendendo telefones, preenchendo papéis, etc. Vã esperança...

A distribuição desses papéis e a cobrança por resultados ocorrem mais ou menos assim:

Você vai ser cobrado em 200% de sua capacidade para atendimento, pelos clientes; e em 200% de sua capacidade por vendas, pelo banco; ou seja, você terá uma cobrança total de uns 400% de sua capacidade – aproximadamente.

O paradoxo complicador é que os clientes que vão à agência especificamente para comprar um produto não chegam a 1%, e o que o banco vai te cobrar em relação a atendimento não representa 1% do total das cobranças (não existe meta ou premiação para quantidade de clientes ou fones atendidos, ou "abacaxis descascados", etc.). Resumo: você vai quase se matar para tentar atender o maior número possível de pessoas, e *no fim do dia, se você não fez vendas, para o banco, na prática é como se você tivesse ficado à toa, tivesse feito o papelão de inútil incompetente desprezível fracassado.*

Então, você vai ter de atender menos pessoas, se demorando mais com cada uma, se quiser vender. Sua fila estará enorme e você terá que se demorar mais com o cliente para tentar vender o produto. Como os produtos dos bancos não são muito "atraentes", de cada dez ofertas, em média você receberá nove "NÃOs convictos" e um "não, sem convicção", que, se você for bom vendedor, transformará em "sim", ou, ao menos, em uma assinatura no contrato de venda do produto.

Além de não conseguir atender a todos (quantas vezes você, cliente, já foi falar com o gerente ou atendente, por fone ou pessoalmente, e desistiu?), mesmo se desdobrando, após o expediente ficarão toneladas de papéis e casos para você resolver, serviços burocráticos para os quais o banco não dá o mínimo reconhecimento, é como se você estivesse perdendo tempo. Daí que *você fica extremamente tentado a largar várias pendências de lado, até porque vai descobrindo que, se não der retorno para os clientes, muitos desistirão de te cobrar*, e para os que te cobrarem, na maioria dos casos, você fica tentado a inventar uma bela desculpa técnica, cheia de jargão bancário e de cortesia hipócrita: "o sistema operacional da retaguarda on-line está inoperante, e a área responsável estará verificando prontamente; muito obrigado, desculpe, passe bem".

O pavor de ser promovido e de novas "oportunidades"

Em inúmeros casos, pasmem: o maior medo de um funcionário no banco é o de ser promovido! Ocorre que isto costuma significar um pesadelo para a pessoa. No meu caso, por exemplo, ser promovido a gerente geral de agência significaria um verdadeiro "desafio": teria redução em minhas comissões potenciais, teria de ficar mais disponível para transferências, deixaria de receber horas extras, ao mesmo tempo que aumentaria a média de horas por dia trabalhadas de nove para doze, teria muito mais responsabilidade, teria preferência em ser cobrado pelo diretor (acho que isso seria o pior de tudo), teria de motivar (Ai!) minha equipe (não, acho que isso sim, seria o pior), etc.

Os bancos se desesperam por funcionários que queiram ser promovidos, especialmente para gerências. Os melhores e mais sensatos fogem das promoções, é claro, e muitas vezes os bancos recorrem aos "mais-ou-menos" por falta de escolha, ou então forçam a barra junto aos melhores. Uma colega, que tinha ficado junto comigo entre os dois melhores dos 38 gerentes de nossa diretoria no último programa anual de resultados, teve o azar de ser promovida À

FORÇA, acreditem; e trinta dias de choro depois, teve de abandonar a carreira de 16 anos de banco. (algo que posso chamar, paradoxalmente, de sorte). Daí, que as estatísticas comprovam que a categoria dos bancários é campeã em pessoas que solicitam rebaixamento de função. Eu mesmo desejei voltar a ser caixa, antes de sair.

Vários bancos buscam gerentes dos concorrentes, na praça ou fora, oferecendo-lhes "oportunidades", às vezes até "luvas". Aliás, um caso interessante me ocorreu neste aspecto.

Em 2005, uma gerente geral de outro banco me ligou para conversarmos. Passei na agência dela e na maior amizade e ingenuidade (só no fim da conversa eu perceberia que se tratava de uma entrevista de emprego), comecei a desabafar, descontraída e honestamente: queixei-me das sobrecargas e do cansaço de se trabalhar em banco (que candidato!) e, em certa altura da conversa, perguntei-lhe se tinha família (ela deve ter uns 38 anos), ao que ela respondeu negativamente, e eu, "delicado e político" como ninguém, imediatamente soltei, na maior naturalidade: *"a funcionária ideal, então..."*. Só depois percebi que talvez tivera sido indelicado com a vida da moça. Resultado: uns oito meses depois eu a encontrei, por acaso – na ocasião me ajudando a conseguir uns documentos de um familiar seu para eu abrir uma conta – e não a reconheci de pronto, mas ela se lembrou de mim e me disse que tinha me entrevistado, ao que eu me recordei do ocorrido. Ela me disse, então, que tinha saído do banco, aparentemente pedindo demissão. Eu aproveitei para dizer-lhe que achara minha entrevista um desastre, pois não sabia que era uma entrevista, e tinha falado "coisas" talvez politicamente incorretas, se é que ela se lembrava. Ela me disse apenas: "nunca vou esquecer o que você me disse...".

O abuso profissional continua

E-mail enviado por mim em 14/11/06, já como simples cliente, para o serviço de atendimento a clientes do banco, denunciando o abuso profissional que minha colega M.M. continuou sofrendo nos dias que se seguiram à minha saída e ao infarto de outro colega da agência:

> (Registrado com o número 3311471421).
>
> *"Por favor, se estiver errado, digam-me onde...*
>
> *Denúncia e sugestão de melhoria para o "Banco":*
>
> DENÚNCIA : A GERENTE DE MINHA AGÊNCIA ESTÁ SENDO ABUSADA PROFISSIONALMENTE. Vamos aos fatos:
>
> *Éramos três...*
>
> *1) Dia 20 passado um dos três gerentes da agência (por sorte, eu) foi obrigado a pedir demissão, sobretudo por sofrer SOBRECARGAS DESUMANAS DE TRABALHO E DE METAS POR PARTE DO BANCO;*
>
> *O banco não colocou ninguém no seu lugar... E então... Ficaram dois...*
>
> *2) Dia 28, soube que um dos gerentes que restaram, NATURALMENTE AINDA MAIS SOBRECARREGADO DE TRABALHO E METAS, chegou ao INFARTO;*
>
> *E a vergonha pública para o "Banco" continua (pois os clientes sofrem nas filas da gerência e percebem o descaso do banco para com eles e com os funcionários)...*
>
> *3) O BANCO NÃO MANDOU REFORÇOS, E A ÚNICA E ÚLTIMA GERENTE QUE SOBREVIVE NA AGÊNCIA ESTÁ, OBVIAMENTE, SOFRENDO ABUSO PROFISSIONAL, com SOBRECARGA DE METAS E DE TRABALHO, atendendo sozinha, MESMO DEPOIS DAS BAIXAS DOS COLEGAS.*

SUGESTÃO: para diminuir as filas e a vergonha, os seres humanos por trás dos cargos de DECISÃO devem AGIR E HONRAR SEUS TÍTULOS de GESTORES mudando este quadro, para que algum dia, talvez, o banco figure entre as melhores empresas para se trabalhar.

De minha parte, estou fazendo o possível para ajudar meus colegas bancários: estou mobilizando bancários, famílias e a sociedade para tirar esta profissão dentre as reconhecidamente mais estressantes. Minha contribuição virá principalmente por meio do livro Demiti o Banco – Admiti a Vida, *já na editora para publicação em breve. Trechos:".*

(Seguiram-se trechos deste livro...).

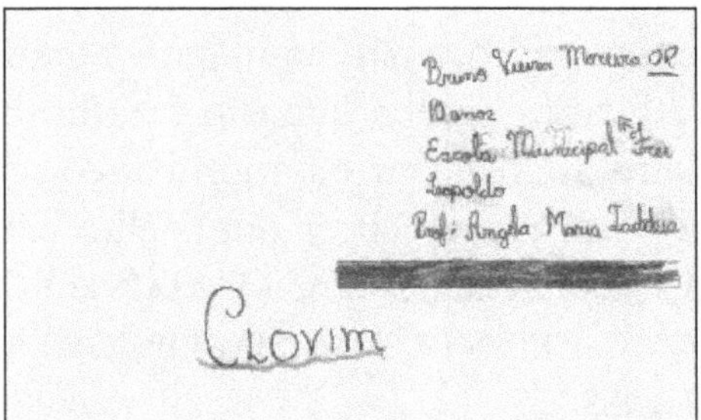

CAPÍTULO 4
DO LADO DO CLIENTE

Exceto se ganhar na loteria da capitalização, é impossível a um cliente ganhar dinheiro com os bancos, pois o negócio deles é o dinheiro, e não há ninguém mais esperto do que eles para lucrar. Perceba que isto é natural: um cliente ganhar dinheiro ao negociar com um banco seria *tão descabido quanto* um peixe vencer um coelho em pista seca. Portanto, na relação cliente-banco JAMAIS HÁ OPÇÕES MELHORES PARA O CLIENTE, MAS SIM OPÇÕES MENOS PIORES – ENGULA ISSO.

Apesar de já conhecer bem o lado do cliente, pois fiz mais de 100.000 atendimentos a clientes em 14 anos de banco, do outro lado da mesa não foram necessários 30 dias para que eu sofresse com os três bancos com os quais tive contato: a) para sacar meu FGTS, fiquei mais de 2 horas dentro de um banco; b) deixei de ter isenção de tarifa no banco em que trabalhava (isenção como funcionário) ainda no mês em que estava de aviso prévio; c) e o pior – o tipo *de golpe comum aos cidadãos* e que eu mesmo sofri no dia 19/11/06: um outro banco me ligou, oferecendo seguro; disse para a operadora de telemarketing, ao menos umas seis vezes, que não queria o produto, mesmo assim, dez dias depois recebi fatura com a cobrança do mesmo, onde constavam os dizeres: "o pagamento deste extrato significa a sua manifestação na adesão ao seguro". Este tipo de tática dos bancos tem retorno garantido, pois inúmeras pessoas pagam estas faturas, ou por descuido, ou por desconhecimento de seus direitos, ou por medo de terem seus nomes sujos, etc.

Revelações e recomendações aos clientes

Atendendo a pedidos, incluo neste capítulo informações voltadas aos clientes, para que se cuidem e não se deixem usurpar. A principal notícia é que o Supremo Tribunal Federal, última instância da lei, decidiu recentemente que o Código de Defesa do Consumidor *vale para os bancos* (que tentaram se safar dele na justiça por vários anos), e que o principal amparo do Código para os consumidores-clientes, na minha opinião, é que, nas contendas, *o ônus da prova é do banco* (da empresa). Traduzindo: se você foi lesado pelo banco, na justiça *a sua palavra é que vai valer*, cabendo ao banco apresentar provas (vai ser difícil) de sua inocência. No mais, seguem dicas para precauções na relação com os bancos e contra fraudes financeiras diversas:

- NÃO ACEITE: o tipo de golpe que sofri descrito acima, de enviar faturas fantasmas, é comum; e o cliente não deve ir pagando ou aceitando, só porque é de valor pequeno, ou por medo e ignorância;
- ÓRGÃOS DE DEFESA: Os bancos temem ligações e ações dos clientes junto ao BACEN, PROCONs, IDEC, juizados especiais, etc. Daí que é uma boa forma de você se defender acionando estes órgãos;

- "COMPREI PARA AJUDAR": É comum que os clientes contratem produtos para "ajudar" os bancários. NÃO FAÇA ISTO, não dê esta "esmola", pois você estará alimentando a ganância e os lucros dos bancos, desequilibrando seu orçamento, e ainda aumentando as metas dos bancários para o próximo mês (quanto mais vendemos, mais os bancos querem no próximo período);
- AMIZADE COM PROFISSIONAIS BANCÁRIOS: em geral, EVITE. Bancário não foi feito para conversar amenidades com clientes. Como ele está sempre sobrecarregado, exceto se no fim do bate-papo você for comprar-lhe um produto, você o irritará ou o atrapalhará em seu expediente. Fora do expediente, conversas e amizade entre clientes e bancários não são desejáveis, pois, ou será uma relação superficial e fingida, ou, no mínimo, se entrará em detalhes que envolverão quebra de sigilo bancário.
- RELACIONAMENTO COM SERES HUMANOS BANCÁRIOS: em geral, CUIDADO. Se falar sobre coisas de banco, terá o interesse dele, mas não contribuirá em nada para que ele seja uma pessoa melhor (exceto se for tão amigo a ponto de ter coragem de dizer-lhe para mudar de profissão ou de postura – se fazendo respeitar pelo banco). Se falar sobre outras coisas, que não sobre o banco, ele não demonstrará muito interesse, e, provavelmente, tomará mais um gole de cerveja para tentar esquecer que não sente "tesão" por mais nada além do banco. A maioria dos seres humanos bancários é BANCÓLATRA, e não quer saber do seu vício.
- TELEFONEMAS DOS BANCOS: desconfie e previna-se. Primeiro, desconfie, porque telefone não é um meio seguro de você falar de seu dinheiro. Segundo, quando o telemarketing te ligar, saiba que os operadores são treinados para insistir uma dezena de vezes, vencendo o cliente

pelo cansaço, especialmente aos menos convictos e mais humanos, como mulheres e idosos; portanto, APRENDA A DIZER "NÃO" DEZ VEZES, ou quantas vezes for preciso, NÃO SE DESGASTE ARGUMENTANDO, apenas repita serenamente: "NÃO, NÃO E NÃO." Aliás, os operadores de telemarketing, como não enfrentam o cliente olho no olho, têm uma tentação maior de enganar o cliente (e caem nela, frequentemente), por isso, se é que você quer contratar o produto, dê preferência por fazê-lo olhando no olho do funcionário de sua agência, que ficará muito grato. Saiba também que o "João Marcos", operador de telemarketing que pode até ter-lhe inspirado um ar de confiabilidade e sinceridade ao te oferecer o produto, SEQUER SE CHAMA JOÃO MARCOS – é normal que estes profissionais atuem com nomes falsos;

- "CAPITALINGANAÇÃO" – é muito difícil de escolher, mas, em minha opinião o pior engodo dos bancos são os planos de capitalização, que funcionam assim: "você 'aplica ou poupa' seu dinheiro, recebe 'ele de volta' em alguns anos e ainda concorre a prêmios milionários!"; traduzindo: você entrega HOJE, por exemplo, R$1.000,00 para o banco, deste total, o banco retira de imediato uns R$400,00 para seu lucro e alguns sorteios, e te devolve o restante (R$600,00) corrigido, garantindo que, com a correção, você receba R$1.000,00 e uns centavos a mais – *daqui a quatro anos*, induzindo-o a pensar que recebeu "todo seu dinheiro de volta". Por favor, meu povo: entenda que R$ 1.000,00 hoje não tem nada a ver com R$ 1.000,00 daqui a quatro anos.
- JUROS E EMPRÉSTIMOS – os juros do Brasil são os maiores do mundo, por isso, não ache que existam juros baratos neste país. Obedeça a lei da natureza – PLANTE PARA DEPOIS COLHER – evite pegar empréstimo, que

é a inversão desta lei: é você receber para depois trabalhar, algo prejudicial à moral ("não fiqueis devendo nada a ninguém", diz a Bíblia). E atenção para o fato de que os juros não precisam, por lei, compor a tabela explícita de tarifas que os bancos têm de deixar à vista do cliente. Isto significa que podem estar te cobrando 17,5% sobre seu saldo devedor sem você perceber, ou no caso de você usar frequentemente empréstimos, significa que, se não questionar o valor dos juros, pode estar pagando mais e mais a cada contratação.

- VENDA CASADA – o funcionário do banco pode, e vai, oferecer-lhe um produto quando você for lá pedir um empréstimo ou cheque especial, *mas não se pode condicionar* a concessão deste dinheiro à compra de outro produto, como seguro, previdência, etc. Se ele fizer isto, está cometendo uma ilegalidade: DENUNCIE. Quem sabe o bancário tenha a sorte de ser demitido e ir tentar encontrar mais dignidade em outra profissão. Mas vai ser difícil ele ser demitido, pois geralmente, e *apenas na prática* (é claro!) *os bancos são coniventes com a prática da venda casada*, que é generalizada. Aos poucos, até eu, que me acho um paladino da ética, comecei a fazer vista grossa para estes "pequenos desvios de conduta" de meus colegas – mais um motivo para eu sair do banco: pelo desconforto moral de ser cúmplice da ilegalidade e da imoralidade.
- VENDA NÃO AUTORIZADA – esta prática é ainda "mais ilegal", se assim se pode dizer. Consiste em debitar produtos na conta corrente, em boletos bancários ou nas faturas de cartões de crédito dos clientes, mediante sua assinatura descuidada (se enfia um contrato do produto junto com os outros contratos cheios de letrinhas que o cliente precisa assinar), ou mesmo sem assinatura ou consentimento algum. Também neste caso, DENUNCIE, e não aceite apenas o ressarcimento do valor debitado,

exija reparação por dano moral, os bancos têm recursos reservados para isso desde o ano anterior.

- JARGÃO — *Cuidado com as palavras usadas no meio bancário*: existem termos comerciais usuais que RIDICULARIZAM com a inteligência e boa-fé do cliente, como no caso de empréstimos com juros de 10% (!) ao mês onde se usa a palavra *parcelinhas* para induzir o cliente ao endividamento. Para mim o caso mais notório de engodo linguístico é chamar o *preço que se paga* por um seguro de "PRÊMIO (!)".
- BOLETOS BANCÁRIOS – há uma avalanche de golpes na praça envolvendo envio de boletos para as pessoas pagarem. Desde "entidades beneficentes" de fachada (recentemente descobriu-se uma que faturava mais de R$ 5 milhões/mês), até montagens de boletos com dívidas que realmente foram contraídas, mas cujo boleto original foi interceptado por bandidos, que usam códigos de barras que desviam o dinheiro que você pagar para a conta de "laranjas". Cuidado com boletos – prefira pagar no banco que o emitiu.
- TELEFONEMAS DE "SEGURADORAS" - há uma centena de golpes em que bandidos ligam para sua casa dizendo-se de seguradoras ou de planos de previdência e que *você tem uma grana boa* para receber de um tio seu que morreu (a morte do tio é verdade)!!! Basta você fazer um depósito "das custas ou honorários" para eles te "pagarem" (muitas vezes até já fizeram um vultoso depósito na sua conta, mas que está bloqueado por ser de um cheque roubado.) Vou resumir bastante como você deve proceder com qualquer tipo de ligação que receber de pessoas desconhecidas: *não importa o que o sujeito falar*, se no final ele PEDIR PARA VOCÊ DEPOSITAR QUALQUER DINHEIRO EM QUALQUER CONTA, **É ROUBO.**
- CHEQUE - o cheque é um dos itens com custo mais caro para o banco ao te atender no dia a dia, portanto, cobram caro

por isso: há tarifas e mais tarifas – para cheque de valor pequeno, para cheque de valor grande, para cheque dado fora da praça, para cheque descontado direto no caixa, etc. Portanto, *evite usar cheque*, prefira cartão de débito (à vista).E lembre-se dos mandamentos do usuário de cheques: *não emprestarás uma folhinha de cheque para ninguém, não emitirás cheques pré-datados* (um dia eles vão cair, às vezes mais cedo do que o combinado...) e *colocarás nominal ao favorecido.*

- CARTÃO DE CRÉDITO – existem vários perigos envolvidos – o mais comum de todos é o banco quadruplicar ou quintuplicar a anuidade* a partir do segundo ano, pois a maioria das pessoas nem percebe o lançamento no meio da fatura de compras e paga feliz a taxa. Este foi o produto que eu mais vendi no banco, por ser o menos caro no ato da venda, e sempre orientava os clientes para não entrar no rotativo (pagar faturas parciais, refinanciando o resto), não abusar com supérfluos, não emprestar, etc. Minha primeira providência ao sair do banco foi parar de comprar no cartão de crédito. Dá para entender a mensagem?
- *Anuidade: o nome disfarçado da tarifa dos cartões de crédito.
- CHEQUE ESPECIAL: já cancelei o meu também. O juro dele normalmente só perde para o do rotativo do cartão de crédito. Há bancos que dão alguns dias sem juros no cheque especial, e o motivo é simples: *quem não tem disciplina para NÃO usar o cheque especial, jamais terá disciplina para usar "apenas 10 dias"* (é entrar e ficar) e, se a pessoa usa 11 dias ou mais, o juro é cobrado de todos os 11 ou mais dias, não só do que exceder a 10 dias.
- PACOTES DE TARIFAS E MAIS TARIFAS: a mensalidade dos bancos é comumente chamada de pacote de serviços, para não dizer pacote de tarifas. Geralmente, os pla-

nos, de um banco para o outro, não têm muita diferença de preço (ou, se têm, é porque vão te pegar por outro lado) e você jamais vai conseguir decorar seus direitos, pois há centenas de itens e ressalvas no panfleto de tarifas. Se possível, evite abrir conta ou tenha uma poupança sem tarifas (cuidado, existem poupanças com tarifas).

- NOVAS TARIFAS: a invenção de novas tarifas depende de um mínimo de criatividade dos bancos, e é tudo muito legal! O banco não precisa lançar produto algum para criar uma nova tarifa, uma nova receita: basta inventar uma justificativa para qualquer ato do cliente que envolva qualquer custo para o banco, depois, é só colocar um cartaz no saguão da agência (eles têm sido trocados freneticamente) e apertar o botão de debitar as contas. Vamos a um exemplo: se você pisa na agência, você suja o chão dela, que acaba por ter de ser limpo quase o dia todo, gerando custo de manutenção de chão limpo, então, nada impede, muito menos a lei, de o banco lançar uma tarifa sobre a quantidade de pegadas que o cliente dá na agência – é só uma questão de tempo e de a sociedade ir se acostumando. Sentindo-se lesado, solicite estorno, no mínimo.
- NOVAS TARIFAS DE NOVO: como estava ficando muito grande o parágrafo das tarifas, colocamos neste novo item alguns exemplos de tarifas lançadas pelos bancos recentemente: tarifa de rescisão de empréstimo (como os bancos têm de tirar os juros futuros de um empréstimo quando você o quita antecipadamente, eles estão descontando "a perda" nesta tarifa, que chega facilmente a R$ 300,00), tarifa por uso dos caixas eletrônicos fora da agência, tarifa por quantidade de depósitos efetuados, tarifa por valor mínimo e valor máximo de cheques, etc. Sentindo-se lesado, solicite estorno, no mínimo.
- GERENTE IMPONENTE: quando você vai ao banco,

muitas vezes se sente acanhado e menor que o gerente, em posição de inferioridade inclusive para reclamar. Pois saiba que seu subconsciente tem motivo para isto: além das gravatas, que seu (e meu) preconceito liga a alguém importante, é usual nas estratégias de negócios que se coloquem as cadeiras nas quais se sentam os clientes em uma altura bastante inferior à altura das cadeiras dos gerentes. Doravante, não se deixe acanhar por esta falsa sensação.

- CUIDADO COM ANÚNCIOS MILAGROSOS: especialmente envolvendo empréstimos em condições espetaculares. Exemplo: todos os anúncios, em todos os meios de comunicação, sedutores. Mesmo maquiados de "verde", são enganosos a trazer expectativas ilusórias ao cliente.
- EM GERAL, SÓ DEPENDE DE VOCÊ: não faça dívidas, não faça dívidas, não faça dívidas – não seja pródigo e nem queira colher antes de plantar. Não seja avarento. Não seja consumista. E não se entregue à jogatina. Se assim fizer, já estará se protegendo bem dos bancos.

Sofrendo na pele os abusos dos bancos

(Tópico inserido em 2008)

O livro demorou um pouco para sair, mas o bom é que, assim, foi possível escrever a Parte II. Outra coisa que fiz questão de colocar é esta parte sobre as experiências ruins que tive como cliente após sair do banco. E olha que eu conheço muito bem tudo sobre banco, e ainda assim não pude evitar que me cobrassem um monte de coisas de forma, digamos, duvidosa ou imoral.

Para ilustrar e dar caráter de confiabilidade no que escrevo, relato o que os extratos de minha própria conta me monstraram, deles destaco apenas três casos, numerados de 1 a 3 no extrato.

1. Quando saí do banco, sabia que a tarifa de cheque especial (não o juros, que são sempre cobrados) só era cobrada de clientes que usassem o limite acima de R$ 100,00. Assim, pedi para que meu limite de cheque especial ficasse no mínimo, que era R$50,00, o que serviria de segurança se errasse nas contas dos centavos e impediria que fosse cobrada a tarifa. Dias depois usei R$40,30 do limite, e qual não foi minha surpresa quando nos dias 4/7 e 1/8 houve dois lançamentos em que foram-me cobradas tarifas de cheque especial. Para se ter uma ideia, uma tarifa de R$7,00 para um limite de R$50,00 corresponde a 14% ao mês, o que, junto com juros de 8% totalizam imorais 22% ao mês. Fiz a reclamação abaixo, através do site do banco:

> Assunto: estorno de tarifas...
> Colegas,
> É triste ter de pedir outra vez, mas, fazer o quê né...
> Vamos lá: favor estornar taxas de cheque especial (R$7,00 cada — cobradas no início de julho e agosto) — motivo: meu limite é de R$50, e não é viável que eu pague taxa equivalente a 14% a.m. + juros de 8%, o que totaliza 22%(!!!) ao mês no caso de uso dos R$50,00. Obs: só contratei o limite pois até a última tabela de tarifas que tentei decorar (e ela muda muito...) só se cobrava tx. p/ uso maior que R$ 100. Favor cancelá-lo...

O estorno foi feito no dia 6/8/2007, no total de R$14,00, via lançamento em meu extrato.

1. Como relatei sobre minha crise financeira entre junho e agosto de 2007, em julho tive que vender meu carro, quitando antecipadamente umas quatro parcelas que faltavam do contrato de *leasing* do mesmo para que pudesse transferi-lo ao comprador. Pois bem, a lei prevê duas coisas neste caso: primeiro, que o banco deve retirar todo o juro das parcelas que estão sendo quitadas antecipadamente; segundo, que o banco pode cobrar uma tarifa de cancelamento do contrato. Acontece que os juros das quatro parcelas, e que o banco realmente retirou, não chegavam a R$ 250,00 no total, e o banco me cobrou incríveis R$ 500,00 (lançamento no dia 25/7/2007) como tarifa de cancelamento do contrato. Neste caso a injustiça era tão descarada que já no dia 30 seguinte o banco lançou o ressarcimento de metade do valor (R$ 250,00).
2. Dia 28/7/2007, ainda como reflexo de minha crise financeira, estava eu com uma parcela de meu consórcio de imóveis (não contemplado) em atraso. Isso para mim não era um problema moral (não acho muito certo dever as coisas para os outros – a Bíblia diz: "não fiqueis devendo nada a ninguém"), pois não se tratava de uma dívida, mas de um investimento, e então estava programando de colocar em dia nas semanas seguintes. Acontece que em 28/9/2007 o "sistema" do banco falhou e debitou uma parcela sem que eu tivesse saldo ou autorizasse (lançamento de R$496,38), o que já é ilegal, gerando um saldo devedor a descoberto (eu tinha pedido o cancelamento de meu limite) de R$448,42. Imediatamente reclamei, mas só em 18/10 fizeram o estorno. Foi o bastante para uma reação em cadeia de débitos de tarifas e encargos indevidos, já que eu tivera outros compromissos e cheques para cair antes que eles fizessem o estorno, e que dependiam de não terem feito o tal débito. Os lançamentos foram

todos de tarifas e encargos indevidos oriundos do débito indevido. A tarifa que mais foi debitada é a famosa tarifa de adiantamento a depositantes, uma "galinha dos ovos de ouro" do banco, que corresponde ao débito de R$ 24,00 para cada lançamento sem saldo; isso além dos juros de saldo a descoberto, que na época eram de 17,5% ao mês. Apenas cerca de 40 dias depois o caso foi quase que totalmente resolvido, com os estornos que ocorreram no dia 6/11/07 (lançamentos de R$27,96 e de R$96,00). Eu disse "quase" que totalmente resolvido, pois enquanto minha conta ficou descoberta, por erro do banco, várias cartinhas avisando do envio de meu nome para o SPC e Serasa (listas negras de crédito) foram emitidas. Certamente o leitor conhece esssas "cartinhas" por mim cuidadosamente guardadas. Nestes casos, muitos clientes ficam dias sem dormir — neste momento devem ser dezenas de milhares pelo Brasil afora. Eu achei foi bom, pois nem mesmo posso mostrar aqui, "ao vivo", para vocês o que é o cotidiano da prática bancária abusiva. Todos lidamos com nossos extratos e seus lançamentos questionáveis todos os dias. Todos enviamos cartas à ouvidoria e recebemos respostas protocolares. Mande-nos cada um a sua história.

CAPÍTULO 5
CONCLUSÕES QUE "DESBANCAM AUTOMATICAMENTE"

Qual a saída para o bancário?

Se você não é bancário, há uma forma fácil de perceber as condições de trabalho deste profissional: *como você se sente quando tem que ir ao banco?* De acordo com sua resposta, imagine que *é desta forma que o bancário se sente*, a diferença é que essa sensação, para ele, *ocorre o tempo todo.*

Outra pérola da notoriedade do mau atendimento e da má imagem dos bancos no país reside em uma recente propaganda de um banco que tenta dizer aos seus clientes que ele (aquele banco) nem teria a aparência deste tipo de instituição. *É uma confissão de próprio punho!!!*

Aliás, falando de propaganda, fique atento: as coisas de que você realmente necessita como consumidor jamais dependerão de propaganda para que você as compre – quando foi a última vez que você viu comercial de arroz, de feijão ou de água durante a novela ou o jornal das oito? *Entendeu o motivo de tanta propaganda de banco*, de cerveja e de carro zero neste horário?

Os bancos, como instituições especialistas em finanças, sabem que em inúmeros casos sua atuação agressiva na venda de produtos e empréstimos prejudica as finanças do cliente, e a esperança que tenho quanto ao futuro legal da relação banco-cliente é que, assim como no exterior a justiça começa a condenar empresas de cigarro e de sanduíches supercalóricos por operarem conscientemente prejudicando a vida dos seus clientes, assim também ocorra com os bancos. É claro que os bancos começam a fazer propaganda defensiva, instruindo os clientes a usarem seus produtos, como empréstimos, moderadamente, é mais ou menos como você dar um panfleto para um alcoólatra potencial dizendo: "beba só o primeiro gole", ao mesmo tempo que lhe serve uma dose e deixa litros de pinga ao seu alcance.

> *Quem salva a imagem e os lucros dos bancos, além do bancário, são os clientes,* e eu sei exatamente como: quase todos, e quase sempre, *percebem quão sufocado e sobrecarregado você, bancário, está "naquele momento"* (não percebem que não são apenas "momentos"), te julgam um herói, uma pessoa lutadora. São, então, pacientes e complacentes, cometendo o sutil pecado de CONFUNDIREM SUA IDENTIDADE COM A DO BANCO, fazendo-lhe o "favor", "por você", de suportar os pequenos suplícios de seus contatos e idas ao banco.

Partindo do fato de que os bancos *têm mais lucros e ao mesmo tempo demitem,* creio que, se fosse possível, *prefeririam também não ter clientes, exceto seu dinheiro.*

NO FIM, SERIA O FIM: NENHUM SER HUMANO.
SÓ GRANA... SÓ GRANA... SÓ GRANA...

Qual a saída para o bancário?

Talvez, seja caso a caso.

Não sei exatamente.

Mas, talvez a própria pergunta já traga a resposta: SAÍDA NÃO É ENTRADA, NÃO É:

- Comer, beber ou fumar mais;
- Receber mais dinheiro em troca da sua vida e da sua paz.
- Engolir mais "sapos", metas e sobrecargas passivamente;
- Obter mais e mais informações (como neste livro), simplesmente por obter;
- Sobrecarregar-se ainda mais buscando fora de si fórmulas para mudar.

Meus conselhos: usei-os para suportar meu tempo de banco:

- Saída através da catarse: na *prática esportiva, artística* e outras atividades físicas e lúdicas;
- Saída através da *filosofia*: que é a única ciência que te ajuda a pensar em problemas mais insolúveis que aquele sobre o "método de trabalhar em 200% de sua capacidade";
- Saída através da *escrita*: desabafar no caderno ou diário é como ter um psicólogo – e você ainda pode xingar e gritar sem ninguém te repreender e sem se sentir culpado – E PODE E DEVE ENVIAR DESABAFOS, anônimos ou não, para seu diretor!
- Saída através da *força da coletividade*, como no filme *Vida de Inseto*.
- Saída através da *fé*: é verdade que o cristão tem que suportar cruzes. Mas não precisa carregar a cruz do banqueiro nas costas, não...

Ou: a SAÍDA MAIS SIMPLES, USANDO A FÉ E O PÉ...

Aquela onde você se levanta do banco,
Diz: "vou com Deus"...
"Pé na jaca" e...
TCHAU!!!

CAPÍTULO 6
O DIÁRIO DO GERENTE NOS DIAS DECISIVOS

QUERIDO DIÁRIO – 14/9/2006 – Profecias...

Temos muito o que conversar.

Minha esposa reclama que não converso muito, mas é, talvez, porque não gosto de dilemas.

Li e escrevi muito nestes últimos três anos, e agora estou inquieto, parece que devo levar A Mensagem, Cristo, a muita gente. Mas tem um problema (ou solução?): eu não sou padre, e ainda: preciso ganhar dinheiro e cuidar de minha esposa ("o casado cuida das coisas do mundo, em agradar sua esposa..." – advertiu-me a Palavra de Deus por meio de minha esposa, há uns 10 anos atrás).

E também tem esse negócio de filosofia, que descobri há uns três anos. E isso é um amontoado de dúvidas: li inúmeros filósofos e de uma ou outra forma todos acabam, com mais e mais palavras, a repetir Sócrates: "sei que nada sei".

E tem a minha parte humana, o corpo, o sexo, o significado das mulheres em minha vida e tudo o mais.

Mas sei que estou em um novo estágio. Estou pronto para novos desafios. O chamado é irrevogável.

Foram 33 anos me preparando. Sem saber...

Foram 33 anos "mudo", como diz a música do Raul

Seixas: "Vai, Vai, e diz ao mundo que você está certo... que aprendeu tudo enquanto estava mudo..."; e ainda: "mas o que você não sabe, pode crer: é *como ganhar dinheiro...*" (*Loteria da Babilônia*).

É chegada a hora de testar este soldado. O tempo não para, chegará minha hora. Mas, antes, é preciso agir, trabalhar incansavelmente, incessantemente...

Mas, o que é mesmo que devo fazer?

Tenho certeza que eu não sei.

É duro ter de abdicar da razão, da objetividade, e se entregar à ação confiada ao Espírito...

Não vou, talvez, poder ficar escrevendo muito...

Trinta e três, de Jesus; trinta e sete, de minha mãe. E não tenho muito tempo mais até que tudo (não sei o que) esteja consumado. Talvez uns três anos mais, no máximo.

Que aventuras me aguardam? Que voos e que pesos?

Mas tudo está bem encaminhado. ("Tudo"o quê?).

Haverá fogo. Haverá água.

Haverá dor. Haverá sorriso.

O que sei é que será diferente. E que terei de vigiar.

"Onde cresce o perigo, cresce também o que salva", disse um pensador.

Haverá crescimento, de perigo e de salvação.

(Espero que esteja ficando "tudo" bem claro, diário).

Chamar-me-ão "louco"? Estranho? Arrogante?

Será diferente.

Não sou escravo de nada ou de ninguém deste mundo.

É duro ser autônomo, caminhar por si próprio.

(Interessantes, as possibilidades do termo "autônomo", neste momento).

Sou um Cristão Maduro; o meu irmão A. me deu aquele texto que fica na minha Bíblia, dizendo desta minha condição...

Não posso contar com ninguém em certos momentos, ou talvez, em todos os momentos. Não alguém daqui... (Será que meu coração virou pedra?)

Talvez eu seja o grande estelionatário, talvez eu seja o maior autoengano que já houve...

O que eu sei é que não demora.

Vem chegando a hora.

De uma dúvida ir embora.

QUERIDO DIÁRIO – 15/9/2006 – Pedir divórcio ao banco

Quero pedir divórcio ao banco, não me casei com ele, não tenho tido prazer em meu trabalho.

Estou mais chato que nunca. Fico apenas calado: ontem, até a minha esposa foi pra outro quarto chorar, porque eu nunca tenho quantidade suficiente de conversa para com ela.

Esqueço coisas que tenho de te dizer.

Tenho que falar, mas é sobre coisas importantes, e é para jovens, para dizer-lhes que não se entreguem ao mundo.

Parece que o relativismo está me engolindo.

Preciso andar de *bike*, preciso falar ao povo.

Anunciar a Verdade, a grande dúvida cognitiva e a grande Esperança e certeza transcendentais.

O relativismo é amigo do "filo-sofismo" (excesso filosófico) e do cientificismo.

Não posso ficar aqui, parado.

Mas as forças são poucas...

Gasto toda a minha objetividade no banco, e tenho tentado organizar objetivamente meu destino mundano, com dificuldade. Não sei o que fazer objetivamente fora do banco. E, enquanto no banco, sou fraco. *Não posso me deixar desintegrar*, não posso compactuar com as facilidades antiéticas de não mudar, de ser conivente com o comodismo, de destruir minha subjetividade.

Nem sei o que estou dizendo...

Parece que estou, aos poucos, sendo proibido, por força maior, de ficar só escrevendo e lendo. Parece que tenho que gritar para as pessoas; parece desespero...

Qual desejo é maior: o de deixar o banco, ou o de ser uma nova pessoa (em estilo)?

E toda preocupação reside no (amaldiçoado) dinheiro.

Bem sabia que estaria acorrentado a um bom salário.

Às vezes, eu acho que a angústia é por falta de fé. Às vezes, acho que é por falta de ação. (Hoje, 36 dias depois, enquanto estou digitando, sei que era por falta das duas.). Na maioria das vezes, creio que só o tempo, já pré-determinado, há de me acalmar.

O que devo fazer, após estas palavras, para encontrar-me com este destino que me aguarda?

"Troque suas preocupações por ocupações", diz Aristóteles, mas, *quais* ocupações?! Estou congelado, paralisado, ou estou caminhando? Crise de identidade estética (temporal).

Não gostaram (ao que parece) do meu texto sobre deixar de ser bosta na (empresa) privada e virar bosta pública, fazendo o projeto de lei [*Anexo I - "A Declaração Universal dos Deveres Humanos"*]. Também o presidente S. ainda não me respondeu. Ah! Deve ser este o motivo maior da insegurança neste momento. Mas eu tinha que fazer. É divertido e angustiante, amedrontador e desafiante, se atirar às manobras que achamos arriscadas... Sou louco, mesmo!

Quero ser popular?! Vamos ver...

Estou parecendo, psicologicamente, com o Kierkegaard (filósofo).

Quem é? Quem foi? Quem vai? O que é?

Acho que vou dormir, para não pensar.

E o tempo passar...

O que fazer? O que fazer? O que fazer?

O que eu queria mesmo, você sabe, "né"(?), querido diário?

Era jogar tudo para cima, ficar só com a esposa e as meninas, e reinventar tudo em forma de brincadeira, quer passasse fome (nossa!), quer ficasse rico e pop.

E eu ia chamar o J (um irmão).

Mas precisávamos de alguém como o Erlan. Animado!

Será que o Erlan ainda é o Erlan que conheci?

Ou também terá se tornado uma sombra estética? Como eu...

QUERIDO DIÁRIO – 07/10/2006
Sujeito ou Objeto (no "banco dos réus")?

Está a maior confusão entre a minha subjetividade e a minha objetividade. Queremos sair do "banco dos réus" para não acabar metamorfoseado igualzinho à personagem do Kafka (aliás, nunca vi situação tão parecida com a de vários bancários como no livro dele).

Pois é, será que vou virar barata??

Vários colegas meus já viraram, inclusive um, aqui mesmo, perto de mim, que até foi afastado como inválido improdutivo inútil safado, resumindo: virou uma grande barata fedida de bosta da [Empresa] privada.

Será que há diferença da bosta da privada com a bosta pública? Um dos meus destinos pode ser sair da privada e me tornar bosta pública. Que diferença haverá? Acho que tudo fede, mas, pelo menos, a bosta pública é execrada, enquanto que a da privada é disfarçada, dissimulada; e muitos até a acham cheirosa – é só ver meu "status" de gerente bancário diante da sociedade! Bosta engravatada!

Acho que vou escrever um livro sobre a destruição da pessoa pela "pessoa" jurídica, sobre a destruição da subjetividade, do sujeito, da pessoa; pela objetividade, pela coisa, pelas instituições.

Aquele texto sobre a Invenção [Anexo IV] já é um subsídio, mas também a gastrite em meu corpo pode inspirar-me. Aliás, certa vez, quando um superior "me "aconselhou", vi dentro da sua maleta um montão de remédios para gastrite. Também ele deve estar virando barata, se destruindo barato para a "pessoa" jurídica, em quem parece "confiar". E também outros já viraram barata, mas não perceberam, porque ainda são baratas produtivas, e a privada deve gostar mais dele do que de mim. Vários perderam muita coisa, ou pior, muita gente preciosa (suas esposas, amigos e até filhos, que não os toleraram mais): agora só cuidam da privada e das doenças psicossomáticas.

Será um livro do sujeito contra a coisa.

Da pessoa humana contra a "pessoa" jurídica e seu nome falso, de "fantasia".

Quais os objetivos da coisa? Com certeza, temporais.

Quais os objetivos do sujeito? Talvez, transcendentais.

E quando os objetivos do sujeito são "objetivos" (temporais), então *o sujeito "objetiva"*, ou seja, *vira objeto*, coisa, bosta, barata; mas muitas vezes, bosta produtiva.

E meus colegas que me ouviam, na pós-graduação, em 2002, defender com unhas e dentes a privada, agora se perguntarão: "que incoerência tamanha é esta?" E não saberei responder-lhes o que houve.

Daí, que não se deve dar muito crédito para o que eu escrever.

Pode ser que sou um hipócrita, cuspindo no prato em que

ainda come. Pode ser que eu seja um "vira-folha". Pode ser que eu estou querendo é ganhar dinheiro, escrevendo um esperado livro lucrativo para vender para bancários, familiares, estudantes de administração de empresas, etc..

Se assim for, então sou bosta mesmo: barata bem treinada na privada, lucrativa

Talvez seja mentira eu dizer para meus colegas, tentando me justificar: "Perdi a comodidade da ignorância" (Michael Allred) e "sei que nada sei", que nada ou ninguém que vejo é confiável, e que hoje sei que empresas não pensam e não podem ser éticas ("Não existem empresas éticas, existem pessoas éticas que trabalham nestas empresas" – Saramago); e que naquela época, eu defendia *a filosofia, os valores pregados pelo banco, não o banco em si*, e hoje sei que "pessoas" jurídicas não têm valores de fato (como ética, caridade, honestidade), pois, em última instância, são coisas.

As instituições, como a NASA, permitiram ao homem ir à Lua, mas não conseguiram permitir ao homem se encontrar, se governar, como podemos ver no Louis Armstrong alcoolizado, ou no presidente Clinton "adulterando". As instituições são o homem parcial, objetivo: corpo e mente (sem alma) refletidos em uma *razão* social, em um cálculo que, como na contabilidade, jamais é positivo (bom) ou negativo (mal), mas que sempre iguala créditos e débitos, permanecendo na nulidade. "Banco não é instituição de caridade" (ditado) e nem de maldade, não pode "doar a vida" por alguém.

Não existe nascimento ou morte de uma instituição, de uma "pessoa" jurídica: ela é constituída ou destituída por seres humanos, que se servem dela com boas ou más intenções [ver Anexo IV]. E uma coisa não pode dirigir um sujeito, daí que:

NÃO É A PESSOA QUE É EMPREGADA
DA INSTITUIÇÃO, É A INSTITUIÇÃO
QUE É EMPREGADA DA PESSOA.

"O mundo se tornou perigoso porque os homens aprenderam a dominar a natureza antes de dominar a si mesmos." – Albert Schweitzer.

CONHEÇO PESSOAS QUE FAZEM COISAS INCRÍVEIS, mas...
Conheço quase ninguém QUE SE FAZ INCRÍVEL.

Para o mundo ser melhor, as pessoas têm de ser melhores, e, para isso, se afirmarem perante as instituições, especialmente *desempregando* várias delas.

Talvez tenha chegado a hora de eu demitir o banco de minha vida, mas, no mínimo, não vou manter-me empregado dele, já que nossos objetivos não mais parecem ser conciliáveis: doravante apenas empregarei o banco para ganhar dinheiro e manter-me ocupado por 8 horas/dia.

Quem não arrisca (doa) a vida, risca a vida, morre lentamente, covardemente.

Talvez seja eu o moribundo...

"Fala a verdade, mesmo que ela esteja contra ti"
Alcorão

*"Quando se reconhece o erro e ele é corrigido,
o curso do erro é o curso da verdade"*
Hans Reichenbach

*"Os melhores, quando se
corrompem, se tornam os piores"*
Owen Felthan

(Não sei a data na qual escrevi, mas está na sequência)

A desintegração do homem gerente (A Gota D'água Suja)

Iniciou-se o processo de desintegração, de perda da integridade, de perda da identidade do gerente-homem Clóvison.

O superior o advertiu veladamente; também disse-lhe que gosta e que agradece ao banco ("dos réus") pelo que o banco fez por ele; e o Clóvison pode ver o que o banco fez por ele: encheu-lhe a sua maleta de remédios para gastrite.

E o Clóvison começou a se desintegrar exatamente pelo estômago: nem é preciso endoscopia pra saber que uma das dores que lhe ferem (no caso, a física) é gastrite.

O Clóvison começou a se desintegrar: palavras, crença e ação começam a sair de sincronia. Logo agora, que ele está começando sua carreira pública... De falar sobre a necessidade de o educador, de o palestrante, ser exemplar. Ser ético. Pois é, será que o Clóvison vai ter de palestrar sobre o seu próprio adultério? Se assim for, o único educador que restará será Jesus. (É... Aqui, no reino das palavras, parece haver lógica agora: *é claro que só Cristo é Exemplo!*)

O Clóvison começou a se desintegrar dia 29/9/2006*, quando na ânsia de cumprir um *excedente de meta*, foi cúmplice conivente e "beneficiário" de uma falsificação de assinatura**, justamente sugerida pelo empresário que mais gostou e que quer apoiar o projeto Paz Bike, um destes projetos de promoção da ética e de exibições acrobáticas do Clóvison.

Ocorre que é hora de o Clóvison decidir se crê em Deus ou não, de promover uma revolução profissional ou de sucumbir a seus próprios medos e fraquezas. O dinheiro, a mulher, a vaidade...

O mais interessante no caso da falsificação da assinatura é que, no final das contas (e o final das contas está sempre nas mãos de Deus), ela não foi necessária para o cumprimento da meta, foi inútil, e, por outro lado, outro item das metas, que fora "esquecido" (coincidência?) pelo Clóvison nas mãos de Deus, este parecia que ia dar certo, mas acabou não dando, e todo o dinheirinho que o Clóvison iria ganhar foi por água abaixo.

Mas o "dinheirinho" é o de menos. (Agora você diz "menos", "né"?!).

O complicado é a desintegração.

O lado bom é que este relato descarta a pretensão de qualquer um, inclusive do vaidoso Clóvison, de achar que ele é um santo, ético, íntegro. É bosta, mesmo, e bosta em cima do muro, onde espalha melhor o fedor: bosta pública.

E o mais interessante é que o Clóvison não chorou, não se confessou, não teve um "piripaque" comportamental ou psicológico, nada disso: continua, continua, continua. No que parece ser o caminho da metamorfose, talvez em "barata íntegra".

E a desintegração pode ser entendida pelos caminhos que parecem cada vez mais desencontrados (ou seriam embolados, confusos) de sua objetividade e de sua subjetividade. O Clóvison parece querer se vender, tentando vender palestras de fé ou algo assim. Talvez, porque não consiga mais *agir* com ética (cumprindo metas sem adulterações, p.ex.), talvez queira, agora, só *falar* de ética, e ainda ganhar um dinheirinho com isto ("Quem não sabe mais fazer, ensina" – ditado). Seria uma espécie de falso padre (um bom aprendiz...)?

O Clóvison parece mesmo um grande covarde: fica usando a família como álibi, como escudo, para não tomar logo o partido da crença em Deus (e, no fundo, em si mesmo). Talvez ele fique querendo equilibrar, em cima do muro, ética e performance (como nos projetos que faz para o banco), fé e dinheiro, sujeito e coisa, espírito e corpo. Sendo que a Palavra diz:

"Não se pode seguir a dois deuses ao mesmo tempo, ao ouro e ao espírito...".

E o Clóvison pensa também em vender estas coisas que ele escreve, para ganhar um dinheirinho e ficar famoso.

E pensa em vender suas acrobacias de bicicleta, em vez de doá-las aos pobres e às crianças; isto pra ganhar "unzinho".

E o Clóvison é um porco sujo, bundão, hipócrita.

O seu irmão está em situação muito pior e teve a dignidade de pedir demissão, por não se achar (devido suas limitações) bastante honrado, para vestir a farda de bombeiro. *É o melhor bombeiro que já conheci.*

E o Clóvison podia muito bem proclamar a independência do banco e chamar o irmão para montar um negócio, juntos. Mas, não: *isso seria arriscado demais, seria "excesso de confiança em Deus", "loucura", diriam os homens.* E (talvez...) sua mulher o demitiria, *o rejeitaria...*

E então é mais fácil, mais cômodo, que o Clóvison fique aqui, escrevendo, sentado, parado, metamorfoseando... Rato, barata, bosta, asco... Com aparência de sensato, equilibrado, responsável, "ético"... E todos o apoiam nesta "sensatez".

E o seu irmão vai morrendo.

E o Clóvison vai fedendo. Bosta vivente.

Escreve, escreve, escreve; prescreve, prescreve, prescreve.

Mas o Clóvison "*vai* mudar", *no futuro*, é claro.

Porque, *agora*, ele não muda, ele fica passivo no casulo, na máscara, na covardia, no "status". Verme Belo.

Mas por agora está bom. Basta de falar de coisas reais, de vida, de realidade. Que volte o Verme Belo a elaborar "soluções teóricas (!)" para si e para o mundo.

Jesus, Gandhi e Sócrates não foram tão grandes escritores quanto o Clóvison por causa disto: estiveram ocupados demais em amar e em viver.

Verme Belo Escritor.

Ass.: Coisa Escritora Asquerosa

(Obs.: a C.- filha- acaba de sair sozinha de casa, pela primeira vez: foi comprar pão a três quadras daqui).

Não sou mais exemplo para minhas filhas...

** Neste dia morreu o Bom Menino, curioso apelido que eu dera para o Beethoven, um amigo em quem eu podia confiar: meu cão fila. Também neste dia, era aniversário de meu irmão Rodrigo, e pela primeira vez eu me esqueci de ligar para um irmão para dar-lhe parabéns... Triste dia.*

*** Detalhes do ocorrido estão no texto seguinte.*

Detalhes sobre minha adulteração

Obs.: Inserido posteriormente – trata-se de explicação do caso dada ao meu amigo e ex-professor Ricardo Rezende, Gestor de Ética de um grande grupo empresarial.

"Só para esclarecer...

1. *Era último dia do mês, e eu precisava abrir uma última conta corrente para cumprir um excedente de meta e maximizar meu patamar de comissão.*

2. *O contrato de abertura desta última conta há dias estava devidamente assinado por esposo e esposa (conta conjunta), contudo, na hora de cadastrá-la, percebemos que faltara um visto da esposa em uma folha de rosto do contrato (coisa que o banco, até meses antes, sequer solicitava.)*

3. *Disse ao cliente que precisava do visto de sua esposa naquele dia, para lançar a conta e fechar minha meta — ele disse que era impossível, pois ela viajara.*

4. *Percebendo minha necessidade e ansiedade o cliente sugeriu e vistou pela esposa no lugar onde faltava.*

5. *Fiquei calado: aceitei a adulteração. (Desculpe-me, se te decepciono, mas eu realmente fui antiético.)*

6. *Como você verá no livro* Demiti o Banco — Por Justa Causa*, *este tipo de ocorrência era corriqueira lá dentro, e devido minha obsessão ética, que já tinha me obrigado a delatar até mesmo um antigo chefe (que acabou saindo do banco) — caso meus*

superiores soubessem dessa minha atitude, acredito piamente que se sentiriam extremamente aliviados, e que provavelmente me chamariam para tomar uma cerveja em comemoração à perda de minha "virgindade".

7. *Não obstante eu demonstrar no livro que "todo mundo acaba sendo levado a dar jeitinhos" pela sobrecarga de metas, trabalho e pressão nos bancos, para mim não havia desculpa: até então, eu nunca tinha feito parte deste 'todo mundo', e* agora havia sido gravemente condenado pela minha própria consciência.

8. *Só meu pedido de demissão, como forma de autopunição, poderia me redimir perante mim mesmo, poderia devolver-me a dignidade."*

**Nome inicial que seria dado ao livro.*

19/10/2006 (a véspera)
A morte ou a vida?

Pode acontecer de a qualquer minuto eu receber uma ligação dizendo que o meu irmão se suicidou.

A primeira coisa que eu faria, coração dilacerado, remorso multiplicado, perdão a mim mesmo impensável. Seria demitir o banco de minha vida. O banco onde estou sentado.

O "Dodô" (meu irmão) é o mais forte de nós: daí o mundo não o suportar, daí sua vida ser sopro de brisa, daí haver algo melhor reservado a ele.

E eu sou o pior, um crápula.

O que faço hoje é covardia, hipocrisia, apostasia.

Não estou confiando em Deus.
Não estou confiando em mim.
Não estou confiando no amor de minha esposa.
Não estou confiando em meu irmão.

Fui treinado para ser prudente em 99,99% das ocasiões.
Mas, fui treinado para ser ousado em 0,01% das ocasiões.
E não posso fugir deste 0,01%.
Ou não serei mais íntegro.
Ou não serei mais Eu.
Não haverá mais equilíbrio...

No momento, sou um pária, escória.
Comecei a me leiloar.
Desintegrar.
Estou 99,99% correto.
E 0,01% indeciso, 0,01% sem fé em Deus, 0,01% morto.
Resta-me muito pouco...
Tempo para mudar...

20/10/2006: O dia da demissão

(Nada escrevi, apenas ACREDITEI E FIZ)

Era uma questão de FÉ EM DEUS, que ele pode me dar algo melhor.

Uma questão de FÉ EM MIM, que eu sou capaz de algo melhor.

Uma questão de FÉ EM MEU IRMÃO, que é capaz de algo melhor.

E questão de FÉ NO AMOR DE MINHA FAMÍLIA, que há de me aceitar.

(Diário — 21/10/06 – O dia seguinte):

EU DEMITI O BANCO

Boa madrugada,

São 4h56min horas do dia 21/10/06 (dormi bem, e Deus me ajudou a madrugar, pois "Deus cedo madruga àquele a quem quer ajudar"), sábado – o dia do descanso, o 7º dia da semana, o dia da Liberdade, o dia que Deus disse para o homem descansar, e Deus, mesmo sem aparecer, coloca o pão sobre nossa mesa, neste dia.

Estou escrevendo este livro, esta obra, pra estar ocupado, me empregando, e pra ver se eu ganho dinheiro, também, pois ontem eu demiti o banco que empregava para ganhar dinheiro e me realizar – "o trabalho dignifica o homem" (ditado).

Estou trabalhando, já nesta hora (há menos de 12 horas após ter terminado meu trabalho de 14 anos no banco), para mostrar que as pessoas não ficam desempregadas, elas desempregam as empresas.

Ninguém pode me impedir de trabalhar: como faço agora, por exemplo, trabalhando de escritor, você, que *se acha desempregado*, precisa apenas começar a trabalhar de qualquer coisa. Se vão te pagar ou não, isso não importa, pois *não é o salário*, mas o "trabalho que dignifica o homem" – e no trabalho digno, qualquer que seja ele, o resultado é intrínseco ao esforço, não depende de um terceiro elemento para dizer, com palavras ou com dinheiro, que valeu a pena, que teve valor, o esforço empenhado pelo trabalhador.

Não sei escrever bonito, nem fáceis de entender são as minhas palavras, mas, vamos lá...

NÃO SÃO OS SERES HUMANOS QUE SÃO EMPREGADOS DAS EMPRESAS, SÃO AS EMPRESAS QUE SÃO EMPREGADAS DOS SERES HUMANOS.

Esta é a frase do momento: que o homem vale mais que sua invenção. O Criador vale mais do que a criatura.

A MENSAGEM DISPARADA, DEMITINDO O BANCO DE MINHA VIDA POR JUSTA CAUSA.

(E-mail em que demiti o banco de minha vida, enviado para meus diretores com cópias para inúmeras agências — este desabafo circulou silenciosa e avassaladoramente, dentro do banco, a partir de seu envio, feito às 10h23min15 de 20/10/2006; também se espalhou por correio, malotes e outros meios naquele dia, dia de minha independência).

Assunto: Ao Banco

(Pai Nosso, seja feita a Vossa Vontade...)

(Hoje minha filha C. faz 8 anos, e quero dar-lhe de presente um pai melhor...)

Ao [Banco]
Gostaria que vocês me demitissem.
Não sou mais um bom funcionário.
Não consigo mais "vestir a camisa".
Quis tentar mudar o banco antes de mudar do banco:

tentei duas vezes contribuir com mais inteligência e mais valor, mas não fui bem sucedido.
Gostei de trabalhar aqui, mas cansei: como no livro A Metamorfose, *de Franz Kafka (sugiro a todo bancário sua leitura – é um espelho do que pode nos ocorrer), chegaria o dia em que me tornaria barata se ficasse na mesma condição: de subjugado, de calado, suportando sobrecargas desumanas de trabalho aliado ao descontentamento institucional com relação aos resultados.*
Cinco bilhões está pouco para o banco, mas a sobrecarga de trabalho há muito tempo passa do suportável pelos ombros dos homens dignos que fazem o [Banco] — *e seus números.*
Os números e a objetividade exagerada aos poucos iam consumindo minha subjetividade, minha condição de sujeito, de pensante, de equilibrado: corpo, mente e ALMA.
Gostaria de receber minha carta de demissão como prêmio pela minha dedicação e bons resultados.
Gostaria de receber minha carta de demissão como carta de alforria.
Gostaria de poder continuar contribuindo, não com o banco, mas com os SERES HUMANOS envolvidos na invenção bancária. Os homens precisam se afirmar como superiores às suas invenções.
Eu preciso mostrar aos meus amigos e colegas (por favor, republiquem em massa o teor desta mensagem, via malote ou correio, para todos os colegas bancários – é minha última contribuição interna para um [Banco] *mais humano.):*

NÃO SÃO OS SERES HUMANOS QUE SÃO EMPREGADOS DAS EMPRESAS...
SÃO AS EMPRESAS QUE SÃO EMPREGADAS DOS SERES HUMANOS.

Deus tem algo melhor pra mim...
Estou demitindo o banco de minha vida. O banco onde estive sentado...
E já me sinto melhor...
É meu MODO HUMANO DE FAZER, de AGIR...

Gostaria que o [Banco] me demitisse...

Clóvison Elberth Alves
Colega Espiritual e Atleta
(assim na terra como no céu...).

CAPÍTULO 7
O DIA EM QUE DEMITI O BANCO DE MINHA VIDA, POR JUSTA CAUSA

Na véspera, havia escrito "a carta" (de alforria).

Devido às atribulações existenciais pelas quais vinha passando, e diante do estresse natural do banco, havia, dias atrás, me esquecido do aniversário de falecimento de minha mãe (14/10) – deve ter sido o primeiro ano (desde 1983) que esqueço, mas, ao menos, era formatura de seu filho mais novo, mais carismático; e eu estava lá para confraternizar com meu irmão.

E estava quase me esquecendo (até a véspera) do aniversário de minha filha caçula – veja como são coisas graves: estes esquecimentos, dos aniversários de mãe e filha...

Se um dia você estiver empregando uma empresa onde você esquece o aniversário de sua filha, demita esta empresa de sua vida.

Mas, então, quis dar um presente de aniversário para minha filha C., e escrevi no prefácio de minha carta de alforria: "quero dar-lhe de presente um pai melhor".

Um pai íntegro, reintegrando-se, reequilibrando-se.

O meu Dia começou faz pouco menos de 24 horas. Às 5h54min (no relógio de nosso quarto) – era 20/10/06, uma sexta-feira (da "paixão"?!).

Tentei evitá-lo (o Dia), buscando dormir novamente e eternamente, mas, às 06h09min o rádio-relógio despertou-me, e eu levantei-me rapidinho para ir até a cozinha desligá-lo. Tinha marcado apresentação de acrobacias para as 7 horas, e às 05h54min havia visto raios de sol pela janela, mas às 06h09min eles já se escondiam.

A profecia

Mas a apresentação estava marcada para aquele dia e para aquela hora, e então, como Deus tinha me dito há meses atrás dentro do ônibus, do qual voltava de Uberlândia – "Por ti (mim) até o céu para" – e eu estava aguardando a hora de esta profecia se concretizar, e agora fico feliz de sua realização.

Ocorre que poderia chover no mundo inteiro e o dia todo, menos onde eu estava e na hora programada. Rezei o terço usual, no chão de casa.

Às 06h30min, beijei as crianças, e disse "feliz aniversário", bem baixinho, no ouvido da Cris, que acordou e entendeu a mensagem.

A oferta

Em algum momento do dia (tive que mudar e deslocar este trecho do diário, para preservar sua identidade), veio ao meu encontro uma mulher. Uns dois dias antes, eu a havia atendido no banco. Naquela ocasião, "pintara um clima" entre nós, e até que ela era bonita e gostosa. E havia finalizado o atendimento dizendo-lhe que "fora um prazer conhecê-la".

Pobre mulher, veio até mim, oferecer-me algo.

Mas eu não preciso de algo: preciso de alguém.

E este "alguém", eu já tenho...

Minha amada esposa.

Era o pior dia para uma mulher oferecer "algo" para mim.

Mas assim estava escrito, e assim transcrevo pra cá.

Era o Dia.

Pobre mulher, nem foi o caso de dar-lhe as costas, pois, quando ela chegou a mim, eu já estava de costas, e simplesmente me mantive assim.

Talvez, de tudo o que minha vida é de hoje em diante, a única coisa na qual permaneço o mesmo e inabalável, com a Graça de Deus, é em tentar ser fiel à minha esposa. Toda a estética, a aparência de minha vida, mudou.

("Sozinho"... Clovinho...)

Fui pedalando para a Escola Estadual Adelaide Maciel.

Às 6h59min eu estava lá, mas haveria reunião de pais e só depois os alunos chegariam e eu poderia me apresentar. E o "perigo" de chover era grande: o céu todo coberto, exceto por uma improvável fresta.

O Jesus não foi. Não é este "Jesus" que você está pensando: é o Tiago Jesus, um amigo de manobras, é que não apareceu para me ajudar na apresentação acrobática. Também, era pra ser assim...

Só o Clovinho, só o Clovin...

"CLO-VI-NHO!" "CLO-VI-NHO!" "CLO-VI-NHO!"

Exclamaria, dentro de instantes, a garotada...

Aliás, fui com a camisa de uma ação minha, o Paz Bike, que realizara com o apoio do meu superamigo Cabo Magela, a camisa leva o símbolo da PM (alguém me perguntou se eu era da polícia), e as frases: "Nunca deixe de ser criança" (que meu amigo, o Chiclete, escolheu), "Paz no trânsito", e "Não use drogas". Nela, meu apelido ainda estava como "Clovinho", em vez de "Clovin".

Comecei a me aquecer, e a vice-diretora disse que conhecia meu amigo Xuxu, das acrobacias suas no UTC (clube) em Uberlândia. Esta senhora retirou uns poucos garotos que tinham penetrado até a quadra da escola pra me ver treinar.

Fiquei sozinho na quadra.

Era o Dia.

Rezei o segundo terço, no chão da quadra.

As crianças e os adolescentes foram chegando.

Havia mais meninos do que meninas.

Todos em volta da quadra; fui ao centro, onde, como de costume, estavam minhas faixas enroladas (eu as abro antes da apresentação: "Esportes Sim, Drogas Não", "Nenhum atleta será coroado se não seguir as regras" – da Bíblia, e deixo uma pro final da apresentação: "Amar a Deus, a si e ao próximo").

Ajoelhei-me, em sinal de oração. A Bíblia diz pra não rezar nas esquinas. Mas não era esquina, e era um dia de exceção, de libertação.

Pedi um sinal a Deus...

(Sou "cheio de querer" que ele me apareça aos sentidos...).

Pensei que Ele pudesse fazer os alunos calarem.

Ou Ele "não deu conta", ou não quis.

Pedi, então, uma fresta. Aquela fresta, de Sol, sobre minha pessoa, ali, ajoelhada.

Rezei de joelhos para os quatro cantos.

Finalmente, abri os olhos olhando para o céu, e vi o Sol.

Era o Dia...

Da apresentação, me lembro de ter acertado manobras bem difíceis, e só errei uma vez. Mas, naquele Dia, naquela

Apresentação, Deus colocou um coro, formado pelos garotos, por certo, os mais "endiabrados" da escola. Um coro especial, inédito, e que fica como marco:

"CLO-VI-NHO!" "CLO-VI-NHO!" "CLO-VI-NHO!"

Até aquele dia eu não gostava que gritassem meu nome, como que idolatrando-me, e talvez, de hoje em diante, torne a desgostar; mas, naquele Dia, naquela Hora. Era exceção, e eu pedia pra que eles gritassem mais alto.

"CLO-VI-NHO!" "CLO-VI-NHO!" "CLO-VI-NHO!"

Pulei três meninos, uma menina e a supervisora.

Às 8h22min, havia terminado a apresentação.

Fui pedalando até o trabalho de minha esposa, pra pegar o carro; furei um semáforo, mas depois me lembrei que, no dia do enduro de *bike* da Polícia Militar, eles disseram que eu cumpria as regras de trânsito, e, então, respeitei todos os outros semáforos seguintes.

Pelos meus cálculos, chegaria às 8h45min em casa (para "banhar-me e trocar-me", agora percebo), e até às 9h05min conseguiria estar no banco (como o sistema de ponto do banco despreza até 5 minutos, entraria no meu horário – 9 horas).

Mas eu gastaria três minutos mais.

Três minutos: três mulheres da minha vida.

Gabriela e Cristiane, minhas filhas, estavam na cama de minha esposa.

A gota d'água pura

Tomei banho e me sentei ao lado delas em nossa cama.

Disse-lhes, mais uma vez, como que pedindo permissão,

que eu estava cansado do banco. Disse-lhes que, de certa forma, eu era um pai chato por causa das preocupações do banco.

E a Cris me sugeriu: *"Por que você não vai fazer apresentações de bicicleta?!"* (como profissão, ela se referia).

Tudo estava consumado.

Ainda tentei explicar-lhes que são as crianças que mais gostam de meus shows, e que as crianças não têm dinheiro para me pagar.

Mas não adiantava: ao proferir aquelas palavras, no aniversário de seus 8 anos, ela tinha me dado o "empurrão" final. A gota d'água.

Tudo estava consumado.

Era O Dia.

Cheguei às 9h8min no banco, mas até que o computador ligou, para que eu marcasse o ponto, já eram 9h9min — e estou pensando "seriamente" em processar o banco: porque a gente trabalha todo dia, por cerca de 1 minuto, de graça (!): é o tempo da entrada da porta até o computador ligar.

Deixei o caderno, com minha Carta de "alforria", em cima da mesa; fiz algumas tarefas corriqueiras – atender ao fone, ver os cheques sem fundos, uma notícia – e até cheguei a ter uma gotinha de medo de continuar ali trabalhando, trabalhando ali, ali trabalhando...

Lá fora

Ajoelhei-me em frente à minha mesa e de frente para a lateral do banco, que é toda de vidro espelhado... *Eu podia ver as pessoas e as nuvens lá fora: mas elas não podiam me ver lá dentro.*

Agora começo a me lembrar que raras vezes eu via as coisas lá de fora, apesar de estar a menos de um metro do externo, onde havia grama, teimosa em viver na sombra da marquise do banco. E havia pardais que me visitavam, e que quase batiam no vidro, talvez para que eu os visse; talvez para tentarem me libertar; talvez com pena de mim.

E do lado de fora do vidro espelhado, agora me lembro, também apareciam borboletas, voando, voando...

E lembro bem de um dia em que quase pulei da cadeira, pois a meio metro de mim, na altura do meu rosto e grudado do lado de fora do vidro, gozava a liberdade enorme grilo.

E passavam mulheres. Muitas e belas...

E meu "sexto sentido safado" me fazia perceber as mulheres passando, mesmo quando estava de costas, e, então, dava uma "espiadinha", tentando não dar vexame perante os clientes que atendia ou que me aguardavam.

Passavam carros, chatos. Exceto por algum*as* motoristas ou passageir*as*...

E eu quero me lembrar, e sei que posso lembrar, de várias vidas que passavam do lado de fora do banco, vidas para as quais eu era, enquanto passavam por ali, um vidro espelhado, apenas.

Pensando bem, se era um vidro espelhado, que não permitia ver, ouvir ou cheirar quem estivesse dentro, como é que os pássaros, as borboletas e até o grilo tentavam me tirar de lá? Por certo.

(Pausa – 7 horas)

(A C. – filha – acorda e deita do meu lado – eu dormira só — e conversamos sobre eu fazer um álbum de figurinhas de acrobacias minhas, para as crianças comprarem nas escolas e para eu ganhar dinheiro. "Igual ao álbum dos Rebeldes!").

... (Por certo) é que eles, os bichinhos, sejam sensitivos, mágicos, encantados.

Mas das muitas coisas e pessoas que eu via pelo vidro espelhado, talvez a mais linda foi o que eu vi este ano: as acrobacias. Sim, acrobacias, não as minhas (muito presas ao chão), mas as da Esquadrilha da Fumaça, rasgando o céu: exatamente no céu, ao alto. Quase de costas para a minha mesa, mas somente de minha mesa, pois nenhum outro ponto da agência permitia tão nítida visão, pude me maravilhar com os artistas dos céus, livres para voar.

(Ajoelhado ao lado de minha cadeira) rezei o terceiro terço.

Era O Dia.

Estava tudo consumado.

Apenas *acreditei* e *fiz*

Após a oração e o "embasbacamento" de alguns colegas pelo meu gesto, ainda atendi a um cliente, que me chamara na porta giratória: fi-lo entrar, o atendi e o despachei – não me lembro bem o que disse, mas, naquele Dia, estou certo disso, ninguém que falou comigo falou apenas "mais alguma coisa", e nem eu dizia "qualquer coisa".

Os "badulaques" modernos têm destas vantagens: pela memória de meu celular, que é da minha filha, e que meu irmão J. nos deu, posso, neste instante, recuperar o registro da "hora H" do "Dia D":

"Ligações efetuadas":

"Tio J. 20/10/2006 – 10h23min15"

Outra maravilha da modernidade é o botão: ao ligar para o J., que acabara de desistir de ir para os EUA, para não atrapalhar seu casamento, pedi para que, pelo fone – que aproximei do teclado – ouvisse o "clic" do botão disparando a Carta de Alforria via e-mail.

Tenho a cópia da Carta na mão, há o registro da hora: 10h21min (os relógios, o meu e o do banco, não estavam sincronizados).

Ei, espere (!): os relógios não estavam sincronizados e nem poderiam, por isso a Mudança! O relógio do meu celular, que era do J., e que é da minha filha, está adiantado! Assim como meus projetos enviados antes ao banco foram recusados "porque ainda não era o momento" e por "o banco ainda não estar preparado" e por isso... Minha vida e meu tempo estão adiante do banco.

(2h39min, dia 21/10/06 – estou só, em casa, escrevendo).

Um texto, um e-mail.

Em escala, destinados a cada grau hierárquico acima: meu gerente, o superintendente, o diretor A, o diretor B, o presidente.

Cc: há vários colegas.

Cco: há cerca de 50 destinatários. (Queria ter enviado direto a todas as agências, mas não tinha tempo ou força, e confio na corrente criada).

Talvez o Texto, A Mensagem, mais importante de uma vida.

Era O Dia.

Tudo estava consumado.

Liguei para meu pai: "10h39min24". Disse-lhe de minha decisão. Ele perguntou "Por quê?", e eu disse que havia cansado. Ele se preocupou um pouco comigo, é claro: aconselhou-me a pedir uma licença por estresse, mas respeitou minha decisão, de buscar a felicidade: esse é Meu PAI!

Só mais uma "produtividadezinha"

Agora, era só esperar.

Sentei diante do meu chefe e disse-lhe que lhe daria um

pouquinho mais de trabalho. E ele me disse que "tudo bem, se a decisão estava tomada". Só me pediu que eu contribuísse (produtividade) ao máximo, até o último momento.

Estava tudo consumado.

Claro que sim: mais que nunca eu trabalharia bem e bastante naquele dia, inclusive digitando parte dos documentos de minha própria demissão (aviso de exame demissional, etc.).

Ao longo de todo o dia choveram telefonemas de inúmeros colegas, todos querendo saber do ocorrido, da "bomba". Apenas duas pessoas pediriam para falar comigo.

11h14min – marquei meu último ponto de saída para almoço (observando que trabalhara exatas 1h55min, o que seria abaixo do permitido – mínimo duas horas para saída de almoço – se o sistema do banco não desprezasse diferenças de 5 minutos ou menos). Ao longo do resto do dia dirigiria meu carro bem mais devagar e tranquilo que de costume.

O dia era chuvoso (o dia que eu fizesse algo assim choveria!).

Não sei se passei em algum lugar, mas logo estava em casa.

A família

Chamei as meninas à rede da varanda, defronte para o céu e para a vida.

Uma de cada lado; confirmei a elas minha decisão de sair do banco, o que poderia ocorrer a qualquer dia ou instante. Disse-lhes que queria ser um melhor pai, menos chato, menos estressado, mais atencioso. Que queria tentar coisas melhores para minha vida, e que acreditava na força de Deus, na minha, e no amor da mamãe pelo papai, mesmo o papai estando fora do banco.

Lembrei a elas, especialmente, que ficara muito feliz, de quando elas vibraram com uma apresentação minha mais do Chiclete no Parque do Mocambo. Na ocasião, após a apresentação, a G., que é mais arisca comigo, me confessou: "Pai, que dia que vai ter outra apresentação?" e depois: "Eu até me arrependi de não ter ido nas anteriores". Estas palavras dela ajudaram-me a mudar minha vida.

Bebi só vitamina, não almocei, não poderia...

Eram aproximadamente 11h45min, liguei pra minha mãe.

Disse-lhe que as suas palavras, dias antes dirigidas a mim, também me estimularam (ela também, um dia, pedira demissão para se aventurar em algo novo). Ela conversou comigo.

Viria agora a segunda parte mais delicada do dia: eram aproximadamente 12h5min quando parei o carro para buscar minha esposa. Tentei pedir-lhe que lesse meu diário dos últimos dias anteriores, para me entender. Não consegui (se bem que, minutos depois, me perguntaria: "POR QUÊ?", e eu apenas apontaria o diário).

Resumindo: sua reação foi a esperada, normal para alguém na sua condição: de *mulher de verdade*.

Era O Dia.

Tudo estava consumado.

Por precaução, liguei para a empregada, para que ficasse de sobreaviso e expliquei o motivo pelo qual minha cara-metade chegaria em casa "meio nervosa".

A esmola

12h12min – Voltando para a última tarde no banco,

caminhando no centro da cidade, passo por uma senhora que, ao chão, pede-me esmola. Volto uns três passos, penso se devo esvaziar a carteira apenas (havia R$10,00) ou se esvazio os bolsos também (havia mais R$50,00 que minha filha tinha me pagado, referentes a um empréstimo que lhe tinha feito para ela por na poupança).

Adivinha o que eu fiz?

Não era o dia da razão, nem do dinheiro, nem da "segurança".

"Por que está me dando tanto?"— disse alto a mulher, quando eu já estava longe.

Não olhei para trás.

A vergonha

Por volta de 17 horas passei a vista no jornal do sindicato dos bancários, e li uma crítica educada aos colegas que não haviam entrado na greve de dias atrás. Eu fui um deles. Já estava arrependido de não ter entrado na greve. E liguei para a J., presidente do sindicato, dizendo-lhe de minha decisão e do meu arrependimento.

Últimos clientes e metas:

(A casa de pássaros, os 2 mil passos, a mulher, eu mesmo)

12h14min ou 12h15min, não sei, remarquei meu ponto eletrônico.

Burburinho na agência.

Ao longo da tarde, sem ainda saber que era a última, fiz uma visita, digitei minha última conta corrente empresarial, passei em uma loja, que vendia pássaros, para tentar abrir uma última conta. Que interessante (!): uma loja que vende *pássaros*, onde se vende prisioneiros domesticados e heterônomos.

Não conseguiria mesmo abrir aquela conta. A loja de pássaros era muito parecida com o banco. E são "os opostos que se atraem..." – não os iguais...

E também não precisava mais: mesmo sendo dia 20, já tinha cumprido minhas metas básicas do mês, e assim terminaria meu 73º mês de programa de resultados do banco com invencibilidade – de nunca ter deixado de cumprir o índice pedido pelo patrão, aliás, minha média foi acima do solicitado – "Se querem te obrigar a andar mil passos, anda *dois mil*" – ensinou-me a Palavra.

No dia, nada era por acaso: ao menos duas pessoas me elogiaram (uma delas na frente da colega M.) pelo meu trabalho nas escolas, com as acrobacias e a conscientização.

Uma das pessoas que me elogiou, uma mulher educadora, após saber de minha decisão de deixar o banco, a princípio, ainda quis tentar me dissuadir, mas, depois, vendo que era tarde, me animou, dizendo que também tem um trabalho como autônoma (faz arranjos de flores, em casa) e que as escolas estaduais têm verba que comporta palestras.

(Agora faz 24 horas: a tarde ia se esvaindo...).

E eu, preenchendo cadastros, atendendo, digitando...

O *último cliente* devia ser um senhor de uns 50 a 60 anos, rosto e feição desbotados, barba por fazer.

Não me lembro ao certo o que disse, mas sei bem *como* disse: sério, sereno, austero, tranquilo: cansado por fora, mas com vida por dentro.

Serei eu? (...).

Dificuldades de caixa!

O chefe me chamou, o "bafafá" rolava.

Pediram-me que eu pedisse demissão, formalmente.

Mas o meu compromisso com o formal havia acabado.

Se o e-mail servisse, tudo bem. Fato é que eu, pai de família, não podia abdicar dos meus direitos. O banco, sim, poderia, teoricamente, voltar atrás, mas bancos são coisas, e coisas, como bem sabemos, não andam para frente nem para trás: não têm caráter, são amorais.

Meu chefe, o dia todo, sorria seu sorriso discreto e enigmático: às vezes, penso que ele vibrava com minha atitude (acredito mais nisto), com minha coragem, e poucas vezes achei que era um sorriso sarcástico. Ele me disse que "suou" para conseguir o que eu queria (que o banco me demitisse e que eu tivesse um acerto maior): era o banco dos bilhões com aparentes *dificuldades de caixa* para me pagar! *Uma honra para mim.*

Saber que valho tanto assim.

Eram aproximadamente 17h30min quando assinei a carta.

Estava livre...

O maior cliente

17h45min — O último cliente com o qual falei não era uma pessoa física, era uma "pessoa" jurídica, meu *maior* (não o melhor) cliente, que recebia minha última ligação a serviço, posicionando-lhe de algo perante o qual eu ficara de ligar. Avisei de minha saída, ao que gentilmente se mostrou comovido e, em seguida, perguntou:

"*Quem fica no seu lugar?*".

Era O Dia.

Tudo estava consumado.

Cabeça erguida

Não deu para desfazer-me de todos os papéis (99% são lixo, com certeza, e os outros 1% são lixo, sem certeza). Segunda-feira eu volto lá para (fazer uma caridade para o banco) terminar de "limpar minha mesa e minhas gavetas", para dar um abraço, "um garra" nas colegas, e para mostrar que não tem trauma.

Estou saindo por cima.

Saio como campeão, entre 38 gerentes de pessoa jurídica de varejo de nossa diretoria, do último ano fechado do programa de resultados. Saio também como o primeiro colocado de nossa região, no primeiro semestre do atual programa.

Saio de *cabeça erguida*, reconhecendo publicamente nesse livro meu erro de dias atrás (também considero a demissão como penitência pelo erro), que foi uma das gotas d'água principais – não poderia eu continuar me desintegrando, não poderia abandonar minha consciência. "Quando se reconhece o erro, o curso do erro é o curso da verdade", diz um célebre pensamento.

Detalhes

Não posso esquecer de alguns detalhes, se é que neste dia algo foi "detalhe":

- Fui trabalhar sem gravata, sem coleira – e a MM ("amigaça"), à tarde, me confessou que percebera minha premeditação;

- Deixei quase todo o material de escritório: trouxe apenas canetas (brindes dos clientes, pois no banco este tipo de material, "mais caro", costuma faltar), um bloco de anotações (presente do N.), o porta-retratos com minhas "três meninas", um documento para colher assinatura de um último contrato e não deixar pendências;
- Também trouxe duas cópias de minha plaqueta de campeão, e, aliás, acho que vou rasgá-las. Rancor? Não, não: ocorre que na plaqueta vem escrito: "campeã" (no feminino) – explico: é que, quando *o gerente de contas se mata* e ganha o programa de resultados, a placa de campeão faz alusão à AGÊNCIA do banco, não ao ser humano campeão. Sorte das (mulheres) gerentes!
- Mandei uma cópia, por malote, para o S. (o presidente do banco), pois o e-mail, para ele, tinha falhado. Embaixo, escrevi à mão: "S., obrigado, com você sempre pude contar" (é sério: ao menos o líder maior da empresa sempre me respondeu).
- Assim que disparei os e-mails, pela manhã, fechei meu Outlook, e decidi não abri-lo mais naquele dia; por volta de 17h50min, pensei que devesse abri-lo, pois poderia algum colega ter me respondido (quem sabe elogiado...). Mas não deu pra abrir os e-mails: felizmente, já haviam *deletado minha identidade virtual.*

Amigas, Colegas: Yes! Yes! Yes!

Pela manhã, por volta de 10h50min, a minha "amigaça" MM vibrara comigo pela minha ousadia, me abraçara, me abraçara, me abraçara. Também a M., outra amiga exausta de opressão (hoje, 25/10, quando digito, soube que ela está internada...), veio lacrimejando, me parabenizar.

E me abraçar.

Gostaria de escrever tudo, mas o principal já basta.

Resta falar de dois telefonemas recebidos:

Um, de uma verdadeira *amiga*, a "Didize", de Uberlândia, que já foi logo falando (para meu delírio!): "Maluco! Maluco! Maluco! Maluco!" E isto só bastava! Mas também me desejou, do fundo do coração (eu sei), felicidade e realização. Obrigado, "Didize".

Outro, de uma verdadeira *colega*, que me disse o nome, mas não me lembro e não importa: importa apenas que era de uma unidade bem distante, e que me marcou com as seguintes palavras:

"Onde você arrumou tanta coragem?!" (Entusiasmada).

(Disse-lhe; "Em Deus – não fui eu").

"Noventa por cento das pessoas sentem o que você sentiu, mas têm medo de se posicionar, se declarar...".

Perguntei-lhe sobre como soubera do e-mail.

("Eta", perguntinha só para me envaidecer!).

"Está correndo o banco todo!" — ela disse.

YES!!! YES!!! YES!!!

O que é o dinheiro, perto desta sensação?

(Eh, vaidade, eh, vaidade!).

Mas era um dia de exceção.

O Dia da vaidade.

Como ato de fé em Deus, em mim, em meu irmão e em minha esposa.

Freestyle: Estilo Livre...

À noite, liguei para o J., disse que estava tudo consumado e que podemos montar um negócio, juntos, se ele quiser, e se Deus quiser.

Também liguei para o Xuxu (não consegui falar – deveria ter ligado pra o meu irmão Rodrigo) e para o meu irmão A., que me disse que, se eu trabalhar pra mim metade do que eu trabalhava para o banco, ficarei rico!

E, à noite, ainda fiz mais uma apresentação de *freestyle* (estilo livre – o incrível e mágico nome de meu esporte, de acrobacias em bicicletas...): *Freestyle*!

Freestyle...
Estilo livre...
Estilo livre...
E princípios sólidos...

Na noite d'Aquele Dia, dormi como Deus quis...

E-mails enviados após a demissão

(E-mail pessoal enviado em 23/10/06 aos meus destinatários cadastrados, exceto esposa e filhas):

> *(Título: Clóvison – Clovinho – Clovin...)*
> *"Meus queridos,*
> *Demiti o Banco de minha vida.*
> *Agora, vou me conhecer melhor.*
> *Agora, o mundo vai conhecer melhor quem é O ...*
> *Clóvison Elberth Alves*
> *"Clovin"*

(Um internauta me respondeu dizendo que tenho que ser muito competente para dispensar "um lugar ao sol" - um "bom" emprego, ele se referia. Respondi que, sobre ser competente ou não, vou descobrir agora, mas que *"ficar 'ao sol', todo dia, 24 horas por dia..."*).

(E-mail enviado a cerca de 400 sindicatos de bancários e congêneres, em 25/10/06, com a assinatura do sindicato local, que me apoia):

(Título mais usado: BANCÁRIO DEMITE BANCO POR JUSTA CAUSA!*)*

> "Colegas, seres humanos bancários de todo o Brasil,
>
> Silenciosa e avassaladoramente, *circula dentro de um grande banco privado, desde as 10h23min15 de 20/10/06, partindo do interior, por correio, malotes, e e-mails, uma mensagem, disparada "à queima-roupa"..*
> Contra os abusos e o assédio moral representados pela SOBRECARGA DE TRABALHO E DE METAS nos bancos.
> *Trata-se de uma carta (anexo) a um banco, onde um colega* ABRIU A BOCA E LAVOU A ALMA, *resgatando sua* DIGNIDADE *e enfrentando o próprio medo e a demissão (consumada) para* denunciar o abuso. *Mais do que nunca, agora, ele está do nosso lado, e propõe,* PRA JÁ:
> *1) Que todos os colegas sindicatos, que propaguem, divulguem, publiquem e* espalhem EM MASSA *sua carta, seu último legado como* SER HUMANO *bancário,* LEGADO FEITO PARA VOCÊ BANCÁRIO*;*
> *2) Um movimento em massa, de* ENVIO DE RECLAMAÇÕES ESCRITAS, SOBRE SOBRECARGAS DE TRABALHO E ME-

TAS, PARA AS DIRETORIAS e PRESIDÊNCIAS DOS BANCOS *(cartas anônimas ou não);*
3) O colega já tem, quase pronto, um LIVRO-BOMBA *sobre o tema, contando suas angústias no banco e na alma, e detalhes divinos e emocionantes sobre* "Demiti o Banco de Minha Vida" *(o nome do livro):* SÓ FALTA O SEU RELATO, DESTE TIPO DE ABUSO, para COMPOR O LIVRO.
Envie o seu relato (anônimo ou não): sindicato(arroba) bancariosdepatos.org.br ou clovisonalves(arroba)terra. com.br (R. João R. Silveira, 365, B.Valparaíso, Patos de Minas, MG, CEP 38703-076 — Fones: (34) 3821-1670 / 3821-9144.)
4) Ele foi campeão brasileiro de ciclismo-acrobático, e QUER, com uma PALESTRA-SHOW, TESTEMUNHAR PARA TODOS OS BANCÁRIOS DO BRASIL, *via sindicatos, sobre* "COMO SE LEVANTOU EM CIMA DO BANCO" E SALTOU PARA UMA NOVA VIDA. Agende JÁ a palestra dele.
Anexos: trechos do livro inédito (publiquem à vontade!)
Sindicato dos Bancários de Patos de Minas e Região"

POSFÁCIO OU "PÓS-FÁCIL" DA PARTE I

Meu vício da objetividade me tinha dito para só incluir no livro o que tivesse escrito até o domingo "da Ressurreição", mas não aguentei deixar de fora este "*milagre da multiplicação do pão*".

QUERIDÍSSIMO DIÁRIO — (24/10/2006)

"O pão nosso de cada dia" está sobrando hoje!

Minha amiga, colaboradora em casa, está conversando comigo. Ela é testemunha deste fato: está sobrando comida na minha mesa!

A marmita continua chegando, *mesmo sem eu estar trabalhando como gerente de banco!* E a "Dona Fia", aquela que faz e manda comida pra mim, está mandando comida até demais! E também na Escola Adelaide Maciel, onde me apresentei com o Paz Bike, pela manhã, me ofereceram um ótimo prato de comida, que eu tive de recusar, pois estava SUPER ALIMENTADO com os sorrisos e a atenção dos jovens e das crianças dali.

E minha colaboradora me pediu para eu lembrar que os "manos", as crianças e até as "gatinhas", que me viram fazer acrobacias nas escolas, estão "mexendo" comigo na rua.

(Gostosão!!!)

(Nossa Senhora; segura minha vaidade, meu Deus!)

Está sobrando comida: arroz, feijão e *calor humano*. Tenho um "Suspeito" que deve estar me provendo.

Fui às escolas fazer duas perguntas para os jovens:

Você trocaria R$ 5 mil por mês, pela fé, pelo amor, pelos ideais e para andar de *bike*?

(E poucos responderam "SIM");

Você quer que eu continue vindo às escolas para fazer acrobacias de bicicleta e para conversar com vocês?

(Uma exceção apenas, e todos os outros alunos disseram "SIM").

Mal sabem os jovens, que ao responderem "SIM" para a segunda pergunta, eles respondiam "SIM" para MIM, para alguém que, *hoje*, é pura FÉ, AMOR, IDEAL E SONHOS.

Eis, meus irmãos: *após "chutar" status e dinheiro*, demitir o banco onde era gerente e onde me matava e me desintegrava, onde, de tanto comer dinheiro e números, estava com gastrite estomacal e moral. Eis, hoje: MEU MAIOR "PROBLEMA" REAL:

"O pão nosso de cada dia" ESTÁ SOBRANDO EM MINHA MESA, HOJE.

Clóvison Elberth Alves, O Clovin.

SER GERENTE, DE SI MESMO: "A DECISÃO É TUA"!

Ultima página de meu primeiro dia de trabalho como escritor.

Fui à missa, desconfiado que a missa (Deus) me atrapalharia na conclusão de meu "objetivo" - de terminar o livro hoje – e não é que Ele acabou me ajudando! Finalizo com a canção que Ele me deixou ao final da celebração:

"A Decisão é Tua"

Se ouvires a voz do vento,
Chamando sem cessar,
Se ouvires a voz do tempo,
Mandando esperar.

A decisão é tua.
A decisão é tua.
A decisão é tua.

São muitos os convidados.
São muitos os convidados.
Quase ninguém tem tempo.

Quase ninguém tem tempo.

Se ouvires a voz de Deus,
Chamando sem cessar,
Se ouvires a voz do mundo,
Querendo te enganar,
A decisão é tua, a decisão é tua.

O trigo já se perdeu,
Cresceu, ninguém colheu.
E o mundo passando fome,
Passando fome de Deus,
A decisão é tua, a decisão é tua...

(O autor é "Anônimo")

"A fé não é algo adquirido, mas um chamado. Não é uma segurança, mas um risco. Não é um consolo, mas uma aventura"
Louis Evely

UM INFARTO AO LADO: COINCIDÊNCIA?

Coincidência ou não
Exatos oito dias após a demissão relatada neste livro
Outro gerente, que ficava sentado próximo à mesa do autor
E que é funcionário exemplar
E tem o mesmo nome de um dono do banco
Foi vítima de um infarto fulminante...

PARTE II (2006 - 2008) ADMITI A VIDA: O HOMEM MAIS FELIZ NO MUNDO

(Texto quase todo escrito em meados de agosto de 2008)

Não se deve procurar sentido para a vida,
de fora pra dentro.
Deve-se oferecer sentido à vida, de dentro para fora.
Só assim se pode ser digno, feliz e coerente sempre.
Vida verdadeira não é o que acontece com você.
Vida é o que você ACREDITA E FAZ *acontecer.*

"O homem é o que ele acredita."
Anton Tchekov

"Vida não é aquilo que alguém diz que é;
vida é precisamente aquilo que
você faz dela."
Brian Cooper

"Felicidade consiste em querer ser quem se é."
(Erasmo de Rotterdam)

PREFÁCIO DA PARTE II

Outro dia, viajando para uma palestra com um amigo, o Dr. Jaques Souto – promotor de justiça, percebi que minha mudança foi mesmo radical! Ele me confessou algo como: "Eu sei que você era gerente do banco, eu sei que você até me atendeu lá (!), mas parece que não consigo perceber a mesma pessoa...". Realmente, hoje não sou a mesma pessoa: Sou Muito Mais EU!.

17 de março de 2009. Na verdade, já são quase 30 meses fora do banco. Porém, destacamos nesta segunda parte o que escrevi em um momento marcante: meados de agosto de 2008, quando consegui fechar as parcerias necessárias para a terceira temporada de meu trabalho como empreendedor social no Projeto Saúde & Equilíbrio, meu novo trabalho e minha nova vida. Quase todo o texto desta segunda parte foi escrito nestes dias, 21 meses após minha libertação.

Durante o segundo semestre de 2008 cheguei a dar algumas aulas como professor universitário, por experiência, mas percebi que não quero seguir uma carreira formal ou voltar a ser empregado: pra mim não vale mais a pena trocar minha liberdade, além do que percebo que o ser humano não precisa de mais e mais saber técnico e ciência mas sim precisa de sabedoria prática e de consciência. Por isso vou continuar meu trabalho enquanto eu e Deus quisermos.

A demora na publicação deste livro, antes prevista para 2007, acabou sendo providencial, por alguns motivos: por podermos juntar inúmeros relatos e anexos relevantes, pela sociedade ter começado a perceber os abusos dos bancos e a fragilidade das instituições financeiras por intermédio da proclamada "crise mundial", e principalmente por eu poder ter mostrado que tudo o que era fé e sonho se transformou em verdade e realidade, com muito esforço, com muito sacrifício, mas também com uma satisfação incrível.

No início deste ano, no Colégio Tiradentes da PM, uma das primeiras escolas visitadas após eu demitir o banco, ao entrar na primeira sala para a palestra do Projeto Saúde & Equilíbrio, meus olhos se encheram de lágrimas, tamanho o calor humano e receptividade que sentira de todo o corpo docente e dos alunos, me acolhendo quase que como a um rei.

Hoje sou tão respeitado por toda a cidade que posso dizer que minha vida é um sonho, aliás, acho que coloquei em prática, "ao pé da letra", uma frase de José Luiz Tejon:

"Sonho é o que você faz da realidade enquanto sonha; ilusão é o que a realidade faz com você enquanto você se ilude."

Esta parte é composta inicialmente de três artigos, o primeiro é uma reflexão sobre o contexto atual do que chamo de "crises do dinheiro e da razão", com grandes instituições financeiras mundiais, como bancos e seguradoras fazendo com que, por exemplo, o governo dos EUA gaste mais socorrendo essa "turma" do que seria necessário para acabar com a fome no mundo. O segundo artigo fala de minha descoberta do banco ilegal e da ação objetiva que já ganhei nas duas primeiras instâncias na justiça. O terceiro é um último "causo" sobre mim no banco, um momento marcante que não podia deixar fora do livro, onde a questão é saber quem vale mais: o diretor do banco ou quem está por trás dele?

Em seguida esta parte relata choros e risos, altos e baixos pelos quais passei nos 21 meses seguintes à minha saída, culminando com a superação total da mudança e com o meu encontro com a verdadeira identidade que estava reservada pra mim após vencer o medo e entregar minha vida, vontade e esforços aos cuidados de Deus: a identidade "CLOVIN": Homem Mais Feliz No Mundo!

Também, como anexos, acrescentamos diversos relatos, pesquisas e informações úteis sobre os temas tratados neste livro. Acreditamos que será de grande valia e utilidade pública. Também minha editora, Ana Cândida, recolheu um bom material para a obra, motivo pela qual a agradeço.

Finalmente, meu amigo, eu estou hoje trabalhando mais do que nunca, só que hoje eu faço o que quero, por isso trabalho o tempo todo, seja na família, seja nas minhas empresas parceiras, seja na comunidade que me acolhe todos os dias.

Deveria também colocar um texto sobre superar a preguiça para enfrentar as crises, sejam elas mundiais, profissionais ou pessoais e atingir a felicidade e o equilíbrio. Mas me contento em encerrar com a principal mensagem de toda a minha vida, que levo a qualquer parte em meu trabalho e a proclamo sempre de pé e com os braços bem abertos:

O sinal do equilíbrio é o sinal
do sacrifício, do esforço.

ENSAIO ATUAL: A FÉ E AS CRISES DO DINHEIRO E DA RAZÃO

(Artigo publicado no jornal *Folha Patense*, edição de 18/10/2009.)

Destruí minha caricatura: a representação do meu eu não sou eu.

Dois grandes vícios: somos "dinheirólatras" e "racionólatras". (Sobre a sexolatria eu falo outra hora).

Uma natureza: todos somos homens de fé, não somos homens "sapiens", somos "homo credens", homens crentes, homens de fé, o que, para vários sábios como Kierkegaard, equivale a dizer que somos homens volitivos, homens de vontade. A primazia das crenças-vontades e da ação sobre os saberes e a razão têm sido a tônica da humanidade desde sempre, e é a tônica de mercado desde que um refrigerante cola deixou de vender alimento e passou a vender "emoção a valer", passando pela explosão de vendas do filme-livro-revelação O Segredo, *e hoje marcando presença nas mais caras propagandas da TV, onde as instituições dizem "ACREDITAMOS" em você (repare, por exemplo, um banco que diz "o banco que acredita...").*

Depositamos demasiadas fé e vontade no dinheiro e na razão, demasiada fé nos bancos, no mercado financeiro e na ciência irrefletida, na ciência objetiva.

O pensamento objetivo de ciências "sagradas" como a engenharia e a medicina dá conta apenas dos objetos, ou dos seres humanos "enquanto objetos". É por isso que existem inúmeros médicos que fumam: o pensamento objetivo só resolve o exterior, o objeto, não resolve o sujeito em si, que existe subjetivamente, na fé-vontade e na carne.

O dinheiro, o "sagrado dólar", o "sagrado real (R$)" são objetos de crença, de fé, assim como o valor das ações dos bancos e demais empresas nas bolsas: não existe um valor absoluto nas "ações" da bolsa, o "valor" lá é o que você "crê" que a empresa vale.

Estou comemorando dois anos fora do banco do dinheiro, onde fui gerente de números e da fé dos clientes no banco. Eu pregava a crença no banco, e pregava, de certa forma, a avareza e a prodigalidade, já que clientes equilibrados não dão lucro aos bancos. Quando o cliente não tinha perfil de guardador ou de gastador, tínhamos que vender-lhe conversas: a conversa dos seguros, dos planos de capitalização, etc. Não são produtos reais, são palavras, dogmas, como muitas vezes pregamos nas igrejas.

De certa forma, não há diferença alguma entre o homem de marketing, o político e o padre, entre o vendedor e o pastor. Eu sou um deles e todos eles, e a capacidade de persuasão que temos é algo que, conforme o uso, pode ser divino ou diabólico.

Meu trabalho, tanto no banco como agora, de certa forma, é o de convencer, de persuadir pessoas, sabendo que elas não funcionam racionalmente (na mente) apenas, mas, sobretudo, subjetivamente, no espírito e na carne (na fé e nas ações). Fico com tanto medo de minha capacidade de persuasão, e principalmente da capacidade de persuasão de políticos, pastores e vendedores sem escrúpulos, que assumi como missão principal, como homem cristão, atleta e filósofo existencialista um paradoxo: TENHO QUE CONVENCER AS PESSOAS A NÃO SE DEIXAREM CONVENCER POR NINGUÉM. "Por que haverei eu de me levar pela consciência alheia?", diz o apóstolo.

As pessoas têm vontade de crer na mente, na razão, vontade de transferir para o plano imaginário estático a verdade cruel e ao mesmo tempo libertadora da essência da sabedoria, por exemplo, da sabedoria cristã: a espiritualidade e a moralidade verdadeiras não têm relação com o que você pensa, sabe ou fala apenas, tem relação mais com o que você faz com seu corpo e com seu dinheiro, doando ou não doando o dízimo, lavando ou não os pés dos outros, morrendo ou não pela fidelidade a Deus, por exemplo.

Já fui crente no dinheiro e na razão, fui gerente dos depósitos de minhas esperanças e crenças. Então um dia eu percebi, como muitos percebem hoje com a crise da razão no sistema educacional e científico mundiais, e com a crise financeira nos mercados globais, que gerenciar crenças em abstrações pode ser loucura. É preciso crer em ações, crer que é preciso agir cuidando do corpo (não fumando, por exemplo) ou arriscando o corpo e o dinheiro em nome da fé (sendo fiel à esposa e largando empregos "bem pagos e seguros" no mercado financeiro).

O "mercado financeiro" é o mais frágil que existe, pois não tem valor em si, apenas na sua imagem. É por isso que os bancos gastam fortunas em comerciais na novela e no jornal: tudo que eles têm é imagem, apenas imagem. O dinheiro não tem valor em si, apenas na cabeça das pessoas. As "ações" das empresas nas bolsas quase nunca correspondem à realidade das ações empresariais. Aplicar na bolsa é ato de fé.

Hoje eu não tenho mais fé no dinheiro, como muitos ainda têm ao fazer uma "fezinha" na loteria, crendo que "o dinheiro salva". Dinheiro é imaginação, uma instituição (invenção) humana. Prefiro imaginar Deus e ao mesmo tempo receber de meus patrocinadores não em "reais" (R$), mas em realidade: o posto me abastece com combustível, a padaria me abastece com pão, o supermercado me abastece com feijão...

Dinheiros, palavras e números têm tudo em comum: não são nem a realidade nem a verdade em si, são REPRE-

SENTAÇÕES, conceitos e convenções ocas, vazias. Podemos crer nisto, mas apenas como meios-medíocres, não como fins ou princípios.

Quanto custa ou qual a explicação para um copo de água, um cafuné, o amor, a felicidade, a paz, a fidelidade, a dignidade? Existem pessoas que não têm preço nem lógica, existem "coisas" divinas que não têm preço nem razão, para todas as outras (coisas ou pessoas-coisas), coexistem trouxas querendo comprar, consumir, ganhar, vender, pregar-explicar, entender, transar...

CARGOS "DES CONFIANÇA": A JUSTIÇA CONDENA O BANCO ILEGAL

Nos meus dias finais no banco, instalaram uma câmera voltada para as mesas dos gerentes. Questões de segurança. Dentro da lei. Tudo bem.

O banco pagou meu acerto direitinho, disso eu não tinha temor. Eu jamais quis entrar na justiça, pois "sabia" que o banco fazia muita coisa imoral, mas "sempre dentro da lei", como citei na primeira parte do livro.

Nunca pensei em entrar contra o banco por danos morais, pois, de certa forma, minha moral não tem preço, e também porque este livro pretende ser a revelação dos abusos dos bancos em termos de assédio moral "dentro da lei", sem gerar o tal "nexo-causal". Este livro pretende ser um grito: os bancos não temem ações judiciais, pois nenhuma causa tem valores financeiros que eles não possam pagar. O que os bancos mais temem é um "detalhe" chamado risco de imagem, ou seja, em um banco o que vale é a imagem, a aparência, a credibilidade na praça, a fé pública.

Este livro tem uma grande chance de ser um fracasso editorial justamente porque os bancos são os maiores anunciantes do Brasil, os maiores clientes dos maiores veículos de divulgação em massa. Você já viu, por exemplo, uma grande revista ou telejornal publicar uma boa matéria falando dos abusos dos bancos? Mas a nossa parte, eu e minha editora estamos fazendo.

Pois bem, nunca quis entrar na justiça porque eu confiava na legalidade do banco nas questões trabalhistas fora do âmbito do assédio moral, ou seja, nas questões objetivas. Hoje eu sei o quanto fui ingênuo ao confiar no banco: se eu sabia que nem gente era confiável, quanto mais empresas, invenções onde tantos podem se esconder para aproveitar a confiança e a boa-fé alheias.

E então foram diversas as vezes em que o Ivan, advogado e diretor do sindicato local dos bancários, me ligou, insistindo para que eu reclamasse algo contra o banco. Depois de meses de ligações eu resolvi ir ao sindicato, afinal, eu tinha ficado uns cinco meses substituindo meu chefe sem receber por isso; mas isso era uma questão muito pequena, e eu achava mesmo uma mesquinharia entrar na justiça por isso, além do que eu acho que ganhava mais do que meu chefe, e o dinheiro deveria ser muito pouco, caso houvesse.

Foi então que o Ivan me veio com uma conversa de sétima e oitava horas trabalhadas, conversa que eu, do alto de minha vã confiança no banco, custei a entender.

Ele me dizia:

"Vamos cobrar do banco suas sétima e oitava horas".

E eu retrucava:

"Mas eu já recebia por oito horas diárias, Ivan, e ainda ganhava por todas as horas extras quando eu fazia...".

E então ele me dizia:

"Vamos cobrar remuneração extra, como prevê a lei,

por você ter trabalhado por oito horas, quando bancário pode trabalhar apenas por seis horas, segundo a lei."

E eu dizia, sem entender:

"Como assim?"

E ele:

"Apenas quem ocupa cargo de confiança no banco poderia trabalhar por oito horas diárias."

E eu exclamava, como que tentando ensinar o padre a rezar:

"Mas era isso que eu ocupava: um cargo de confiança!"

E ele me explicou:

"Segundo a legislação, o cargo de confiança apenas se configura se..."

(E aí viriam algumas perguntinhas que eu logo decoraria, mas que só se tornariam extremamente relevantes para exposição a todos os bancários deste Brasil por meio deste livro quando, no dia 23 de maio de 2008, uma juíza do trabalho as repetisse para mim, palavra por palavra - aqui apenas as perguntas principais):

"O senhor podia admitir e demitir funcionários?"

NÃO.

"O senhor tinha procuração para assinar pelo banco?"

NÃO.

"O senhor tinha poder de negociar com o cliente, alterando taxas de juros e condições contratuais?"

NÃO.

"O senhor podia assinar algum documento sozinho?"

NÃO!

Então, o cargo que eu ocupava, nas condições QUE TODO GERENTE DE BANCO que eu conheço ainda ocupa, NÃO SE TRATA de um cargo de confiança, e eu nem desconfiava!

Era início de novembro de 2007 quando o Ivan me convenceu a enviar a reclamação ao banco. Eu estava meio desconcertado com aquilo, um pouco por orgulho ferido, por não acreditar que eu estava tão desinformado sobre meus próprios direitos: logo eu, que inclusive livro falando as falhas dos bancos tinha escrito (na verdade a primeira parte deste mesmo livro, que fora escrita assim nos dias em que saí, em 2006). Mas resolvi "deixar" o sindicato enviar a reclamação, até porque era através de uma comissão (CCP – Comissão de Conciliação Prévia) que não envolvia entrar na justiça.

Perceba que eu simplesmente não acreditava que teria esse direito, e que o banco me levaria "a baixaria" de ir à justiça: o banco conseguira "fazer minha cabeça" de tal forma que eu não acreditava que ele pudesse atuar de maneira tão descaradamente ilegal com seus funcionários, extrapolando o assédio moral que eu ainda compreendia, pela sutileza estratégica da questão do "nexo-causal".

Não fiquei pensando muito naquilo, até que, dia onze de novembro, quando eu estava comprando umas Bíblias para dar de presente, recebi uma ligação do Ivan dizendo que o banco me oferecera R$ 30.000,00 pela tal questão do "cargo de confiança", ou de "desconfiança".

Com aquela proposta, que chegaria aos R$ 50.000,00 alguns dias depois, o próprio banco me confessava ter agido fora da lei, e me confessava atuar de forma não apenas imoral, mas também ILEGAL, com milhares de bancários.

Claro que não aceitei a proposta: primeiro porque o valor ofertado era apenas um terço do valor correto pedido, segundo, porque, na minha percepção, o banco era réu confesso, terceiro, porque eu, conhecendo um pouco a "alma calculista" do banco, tinha certeza de que o valor ofertado era pura barganha estatística: aquele valor significava que eu tinha altíssimas chances de ganhar todo o valor pedido se fosse para a justiça, mas significava, de uma forma mais precisa ainda, que um funcionário demitido um ano atrás teria chances muito mais altas ainda de pegar logo aquela "boladinha" para cobrir seus altamente prováveis furos e temores financeiros e "calar a boca", mantendo os cofres do banco cada vez mais cheios.

Ao entrar na justiça, em janeiro de 2008, eu já tinha perdido 15 meses deste meu direito (por prescrição), e sabia do caso de um gerente da região que, mesmo sendo gerente geral (cargo acima do meu) tinha ganho a mesma causa em primeira instância, após a qual tivera aceito uma proposta do banco, que barganhou com ele na casa das centenas de milhares de reais.

Dias depois, soube ainda de uma decisão do TST, maior instância dos tribunais trabalhistas, dando ganho a uma causa exatamente igual à minha, sobre o tal "cargo de confiança" e as tais sétima e oitava horas – DIVULGUEM ISSO!

Na audiência de primeira instância (23/5/2008), única em que se levantam provas, por meio de testemunhas, tanto testemunhas de acusação quanto a de defesa do banco (que hoje ocupa o mesmo cargo que eu ocupava) foram unânimes em falar a verdade, que está ao meu lado, escancaradamente; tanto que o resultado já saiu e eu ganhei. E o banco recorreu, e eu não vou aceitar proposta nenhuma.

Sobre a questão do cargo "de confiança" o problema me parece mais grave do que a questão do dinheiro sujo: ocorre que, se o bancário trabalhasse oito horas diárias, mas realmente nas condições de cargo de confiança, com mais autonomia, por exemplo, para admitir vendedores honestos ou para colocar água para os clientes no saguão da unidade, ou se trabalhasse apenas seis horas diárias, então o bancário teria muito melhor qualidade de vida e muito menos doenças psicossomáticas, estresse e sobrecarga de trabalho.

O DIRETOR DO BANCO OU O SR. "ANTÔNIO": QUEM VALE MAIS?

Nestes vinte e um meses que se seguiram ao feitio da primeira parte deste livro, lembrei-me de um "causo" que não poderia faltar neste livro.

Uns cinco meses antes de sair do banco eu recebia a premiação anual como gerente de contas jurídicas de melhor performance de minha diretoria. Oficialmente, era um dia de confraternização, em hotel chique, com música, jantar, etc. Mas, nos bastidores, os cerca de quarenta gerentes desabafavam uns com os outros sobre o estresse crescente e as sobrecargas de trabalho e metas. O assunto do momento era o afastamento, por estresse, de uma gerente da região.

Quem seria o próximo de nós a sucumbir?

Eu já sabia que seria o maior "homenageado" do dia, pois no ano anterior tinha sido vice e lutara para chegar ao topo naquele ano, talvez para mostrar a mim mesmo que eu era capaz de ser o melhor mesmo fazendo algo que já não me agradava tanto e mesmo após muitas desilusões pessoais e profissionais de anos anteriores.

E eu aproveitaria aquela circunstância para FALAR.

Ao ser chamado à frente para receber a placa, estava determinado a aproveitar minha posição e momento privilegiados para expor a verdade estampada no semblante esgotado de cada um que ali estava, semblantes disfarçados pelos sorrisos amarelos e pelo ambiente de musiquinhas de vitória que sempre são postas para tocar nestes "momentos de descontração e alegria".

Aliás, uma das coisas estranhas que já presenciei neste tipo de evento – acho que aconteceu nesse encontro — foi ser apresentada, pelo diretor, a figura de Jesus ao final de seus slides: houve um clima de "isso não combina com essa hora e com nada do banco". Foi uma evidente "forçação de a barra do estilo monge-executivo", digamos.

Voltando à minha ida à frente: primeiro, bati a mão na logomarca do banco estampada no cartaz à frente de todos. Disse que aquilo ali era apenas uma marca, um nome de fantasia, e que qualquer ser humano naquele salão (toquei nos ombros de alguém, sinalizando um exemplo vivo) era mais valioso que aquela marca, e que os seres humanos sim, eram verdade, não fantasia.

Segundo, olhei para o chefe do chefe de meu chefe, ou seja, outro ser humano investido no cargo de diretor, e perguntei aos presentes:

"Quem vale mais: o diretor do banco ou o Sr. "Antônio"?"

Todos se calaram.

O diretor do banco também ficou calado.

Sr. "Antônio" era o seu nome.

Talvez? O homem mais feliz do mundo...

Nas palavras da aluna Jéssica: "ele nos disse que conseguiu se libertar e fazer o que achava que traria melhores resultados para todos e para si mesmo, levar uma palavra de ensinamentos e sabedoria para todos nós jovens...".

"Pai, que dia que você fica de férias?"

"Pai, qual é sua profissão?"

"Pai, o que você é?" (Perguntas freqüentes de minhas filhas).

(...)

Meu trabalho é minha vida, minha vida é minha tese, minha tese é meu sonho...

Meu sonho é minha realização, minha realização sou eu.

Meu brinquedo é a vida, minha vida é o brinquedo.

Meu desejo é uma ordem para mim,

Meu preceito, uma vontade,

Minha vida, uma verdade,

Meu futuro, meu presente,

Meu presente, meu futuro.

Não sei o que sou,

Só sou. Não sei. Só sou....

Não, nada não...

Só faço. Só sirvo. Só amo.

Só?

Eu. Eu? Eu...

Minha teoria é meu método, meu método minha prática, meu meio, meu fim...

Meu fim: iniciou...

Minha vida começa onde a sua termina, minha realidade é seu sonho.

O sonho das crianças, eu realizo...

Meu sonho de criança, eu sou...

Mais dinheiro, não tenho, não quero, desgosto.

Mais que mais é Ser melhor.

Mais alto que as nuvens...

É fazer do chão onde piso o Reino dos Céus...

E não quero nada, só a Paz...

Só o amor...

Só aceitação...

Só carinho...

Só seu sorriso!

Muito obrigado, MEU DEUS!

Clóvison Elberth Alves - CLOVIN

**Artigo de agosto de 2007, publicado na* Folha Patense *após eu conseguir meu primeiro contrato com o retorno financeiro que eu precisava, menos de um ano após demitir o banco e após a acolhida e o "sim" da sociedade patense ao Projeto Saúde & Equilíbrio e após o "sim" inclusive do prefeito, do juiz e da nossa Rainha Nacional do Milho, Amanda.*

CAPÍTULO 8

21 MESES DEPOIS: ADMITI A VIDA!

Fé, pouca razão, e ação, muita ação

"Renda-se, como eu me rendi. Mergulhe no que você não conhece como eu mergulhei. Não se preocupe em entender, viver ultrapassa qualquer entendimento."

Clarice Lispector

São 5h34min da manhã de 26/7/2008.

Temo que iniciar este texto com estes números (horas, datas) ainda seja reflexo de tantos anos envolto em números. Contudo, me acalma lembrar que dias atrás, ao tentar telefonar para a agência onde trabalhava, percebi que tinha esquecido o número do telefone de lá – acredito, então, que a fase "numérica" de minha vida tenha sido superada.

Liguei o abajur e comecei a escrever.

Minha esposa me pergunta o que estou fazendo, e digo: "Escrevendo o restante de meu livro, se bem que daria outro livro..." (sobre estes 21 meses após ter demitido o banco de minha vida, por justa causa).

"Hoje é o primeiro dia do resto de minha vida" – assim começa a reunião de um grupo de autoajuda do qual eu participo. Eu preciso de um grupo de autoajuda? Deixo a questão para a imaginação do leitor, mas dou uma dica: a resposta inclui "sim" e "não" (subjetivo, não?!).

Realmente não estou com muita paciência para escrever, não em prosa, pois a lógica das palavras não dá conta do que é a vida quando é viva. Hoje minha vida é uma poesia, um conto de fadas. O leitor pode morrer de curiosidade, e o amigo bancário pode não entender, talvez, se estiver ainda dopado pelos números, mas realmente não é possível descrever "racionalmente" o que mais importa, ou seja, a vida quando é vivida verdadeiramente, intensamente, apaixonadamente.

Admito que sou impotente para descrever em prosa o verso diverso avesso concreto abstrato equilibrado satisfeito realizado exaltado tresloucado extasiado admirado indizível que é hoje o Ser Eu Mesmo, eternamente Eu, um dia de cada vez, uma respiração de cada vez, uma inspiração de cada vez, uma batida de coração de cada vez.

Crianças, flores, amores...

Reconhecimento público...

Conhecimento de si.

"E o que eu era eu não sou mais. E não tenho nada pra lembrar." (Renato Russo): não tenho quase nada pra lembrar de minha época de banco. Quando estava sentado no banco da vida tudo era sempre igual, então, este "tudo" não era quase nada, quase não era viver.

Sobre estes vinte e um meses nenhum livro analítico pode dar conta. Mas vou tentar, ao meu modo, dizer um pouquinho de alguns momentos mais relevantes da vida que acontece comigo desde que saí do banco e admiti existir.

Os seis primeiros meses...

NÃO, não vou contar como um relógio, isto me aborrece.

Uma primeira e crucial questão:
Eu saí do banco porque era fraco demais?
Ou eu saí do banco porque fui forte demais?
Quem poderá saber?

Eu não sei, mas CREIO que, se ao sair do banco era fraco, hoje sou mais forte do que nunca. Não é só poesia – até dinheiro hoje eu ganho mais do que no banco.

E o mundo inteiro poderia dizer que teria sido por fraqueza, e eu retrucaria com as palavras de um apóstolo, na Bíblia: "pois quando me sinto fraco, então é que sou forte".

Até eu achei que saía do banco por ser fraco, de alguma forma. Hoje sei que é normal que se fique fraco quando se passa muito tempo sentado em "bancos": suas pernas atrofiam, sua visão fica míope, você não sente sua virilidade, sua virtude – apenas "sua poupança" dói.

Acho até que as empresas reduzem a potência sexual do homem.

Algumas pessoas – que não me conhecem, por certo – me perguntam às vezes se eu me arrependo de ter saído do banco. Não posso ser rude com quem pergunta, mas esta colocação não faz o menor sentido para mim – é somente me colocando no lugar do meu interlocutor que posso responder sem assustá-lo ou sem deixar transparecer que ele acaba de fazer a pergunta mais ridícula do mundo. É com muito esforço que me contenho e respondo, de corpo, mente e alma:

"Nunca!"

Para ficar fácil de entender, façamos uma analogia: perguntar se me arrependo de ter saído do banco é exatamente o mesmo que perguntar a uma borboleta se ela se arrepende de ter saído do casulo.

Não, não nego o meu passado como lagarta, nem acho

que foi indigno ser uma lagarta, afinal, eu fui uma ótima lagarta, mas não se pode comparar uma lagarta a uma borboleta, assim como não se pode comparar o passado com o futuro, e como nem passado nem futuro cabem no presente que vivo, na vida que vivo, na Vida.

Existe um amigo, o Luiz Salgado, poeta e filósofo, como eu, mas ainda não um samurai (como ele acha que eu sou), que vai me dar um livro hoje. Este amigo sabe muito de mim, pois compartilhamos de uma mesma fonte espiritual--existencial. O livro que me dará se chama *O Poder do Agora*, e eu diria que o hoje será, ou melhor, o *agora* é, um momento mágico da vida; um momento de Poder: poder curtir a família, amigos, bicicletas, admiradores...

Gosto de escrever, mas vou deixar para escrever mais depois. O dia está amanhecendo.

Vou escrever só mais um pouquinho.

Mas não tente me entender: *interpreta-te a ti mesmo*, pergunte quem é você, quem você quer ser, se será bancário, por exemplo, para o resto de sua vida. Ou não seria "vida"?

Por falar e vida, a minha é ação, muita ação, concretizando as palavras atribuídas Einstein:

"Viver é como andar de bicicleta, você só cai se parar de pedalar."

O primeiro choro

Atirado em uma experiência existencial nova, e sempre muito curioso por entender o que seria de mim mesmo após sair do banco, achei interessante aguardar para ver qual seria a inspiração para meu primeiro choro fora do mundo de bancário.

Céus e terras passariam, mas sabia que jamais choraria por ter saído do banco, chorar por algo do tipo "eu tinha lá números e dinheiro, e agora não tenho mais"; seria uma grande piada!

Uns vinte e um dias depois que saí do banco eu chorei.

Inspiração: chorei por perder a companhia diária daquela que talvez seja a mulher mais digna que já conheci em toda a minha vida: minha colega M.M., que se sentava à minha direita no banco.

Sustentação financeira e sustentação psicológica

Em cinquenta e nove dias eu estava com minha ideia pronta e com a venda inicial de meu novo trabalho realizada: dia 18/12/2006, aniversário de meu pai, eu lançava o Projeto Saúde & Equilíbrio, um empreendimento pessoal-profissional em forma de ação itinerante de responsabilidade social, que percorreria as escolas da cidade promovendo o esporte e valores humanos, e prevenindo vícios físicos e de caráter. Este projeto teria (e tem) patrocinadores cujos nomes seriam promovidos nos meus shows educativos de ciclismo acrobático (BMX *freestyle*) e nas minhas palestras filosófico-testemunhais, que chegariam a dezenas de milhares de crianças, jovens e adultos, em especial no meio escolar.

Coloquei meu site no ar (www.clovison.com) frisando minha mudança de vida, e entre as performances que me predispus a realizar há uma teatral, que eu fiz uma única vez ao lado de meu irmão e sócio J., no shopping local, às vésperas do Natal de 2006: o nome desta performance é "Prefiro Ser Palhaço", numa alusão ao desencanto diante de minha antiga ocupação. Nesta performance eu faço acrobacias vestido de palhaço.

O slogan desta primeira "temporada" de seis meses (chamei de temporada o período do contrato que estabeleceria com aquele grupo de patrocinadores) do Projeto Saúde & Equilíbrio seria "Esporte Sim, Sabedoria Também".

Minha "estratégia de vida", logo que saí do banco, era juntar um pouco de razão, muita fé e muita, muita, muita ação: eu não pararia – como acho que até hoje não parei, "só que agora é diferente: Estou tão tranquilo e tão contente" como também canta Renato Russo. Devo ter visitado umas trinta empresas, e consegui seis parceiros que, no total, me pagariam R$ 1.800,00/mês pelo trabalho, que incluiria não só ações na comunidade, mas palestras e encontros para crescimento interno de seus colaboradores. Este valor, deduzidas as despesas, cairia para uns R$ 900,00/mês, o que jamais daria para eu viver no nível que gostaria para minha família.

E eu não poderia deixar a menor brecha sequer para que o mundo de vozes "banqueiras" pessimistas "urubuzassem" meu estado de espírito com aquela nojenta questão: "está vendo: foi sair do banco, *coitado*, e agora é um pobre moribundo passando necessidade e dando *desgosto* à família, *coitado*!"

Acontece que meu objetivo inicial ao sair do banco era rapidamente conseguir trabalho no que eu queria, por pelo menos seis meses, para que eu, me matando de trabalhar no que eu mais amava, e amo, me sustentasse psicologicamente: "troque suas preocupações por ocupações", ditava Aristóteles, "tenha fé em Deus, tenha fé na vida... Não pense que a cabeça aguenta se você parar", cantava Raul Seixas.

Aliás, esta música de Raul Seixas (*Tente Outra Vez*) foi a música de fundo de quase 200 shows acrobáticos populares que eu faria entre dezembro de 2006 e junho de 2007.

Neste período visitei todas as 26 escolas públicas da cidade, e estive em quase 1.000 salas de aula, falando de princípios de vida para alunos e professores.

Nos primeiros 59 dias, até conseguir estes primeiros R$ 1.800,00/mês para o primeiro semestre de 2007 eu tinha o seguinte panorama: família preocupadíssima, momento crítico de vida e dinheiro do meu acerto para viver, no mesmo patamar de vida, até pelo menos junho de 2007; e precisava me manter muito ativo, tanto para mostrar meu serviço aos parceiros e comunidade quanto, como já disse, para me sustentar psicologicamente pelo que poderia chamar de "labor-tempo-terapia", ou seja: manter minha saúde e meu equilíbrio pessoal com muito trabalho ao mesmo tempo que dando "tempo ao tempo", pois sabia, por algumas experiências dramáticas anteriores (como a morte de minha mãe), que, em momentos de ruptura da "normalidade" da vida, só o tempo e o caminhar para frente podem, juntos, reconduzir à tal "normalidade".

Aliás, hoje eu estou certo de que essas "normalidades da vida", na verdade, não constituem a verdadeira Vida. As falsas seguranças do dinheiro, da lógica e da lei muitas vezes roubam a verdadeira Vida que, de fato, é feita de altos e baixos: "se chorei ou se sorri, o importante é que emoções eu vivi" (canta Roberto Carlos). Quem tem salário e emprego "fixos", ao contrário do verdadeiro empreendedor da vida, não aprende a viver, apenas sobrevive, vegeta de certa forma: não chora nem ri.

O segundo (e pior) choro e o dinheiro

As despesas de minha casa giram em torno de R$ 3.000,00/mês e, como disse, contando meu acerto, mais os R$ 500,00/mês que minha esposa ganhava, mais os R$ 900/mês que sobrariam no meu primeiro contrato, sustentaria minhas finanças até junho de 2007. Isso era o planejado. Até lá teria de preparar uma renda maior – daquele meu trabalho ou fosse do que fosse – para sustentar minha família de julho em diante.

Odeio fazer parecer, neste momento, que o dinheiro seja assim tão importante, acontece que, se eu realmente tivesse entregado minha vida para uma ação calcada na fé e se realmente Deus existisse, obrigatoriamente aquela passagem bíblica haveria de se confirmar também no meu bolso "buscai em primeiro lugar o Reino de Deus, e tudo o mais lhe será acrescentado" (da Bíblia). Acontece que a verdadeira fé é inseparável da ação, do trabalho, do sacrifício, e eu haveria de, com o esforço de meu trabalho, ser remunerado por alguém providenciado por Deus e conquistado pela minha ação de venda: eu e Deus mostraríamos ao mundo quem éramos. Aliás, quando no dia 20/11/2006 o meu ex-cliente do banco, o Emídio, me ligou, aceitando minha proposta de meu novo trabalho e se tornando meu primeiro parceiro patrocinador, as únicas palavras que me vieram foram: "Deus lhe pague!", ou que ele retrucou amistosamente: "nada disso: você é quem vai pagar com seu trabalho!".

Até lá por abril de 2007, tudo foi bem, como programado.

Acontece que uma primeira questão, que não estava em minhas mãos, principiaria o período mais desafiador pelo qual eu passaria desde que saí do banco.

No mês de meu aniversário, abril, comecei a perceber que o dinheiro de meu acerto acabaria mais cedo, pelos inevitáveis gastos extras que sempre aparecem e pelo detalhe de que os R$ 500,00/mês de minha esposa ainda não tinham aparecido, como eu planejara, para ajudar nas despesas da casa: ela continuara usando todo o seu salário para roupas e apetrechos femininos, o que extrapolava o orçamento que eu havia feito; e pior: descobri que ela estava toda endividada após sucumbir em uma onda de consumismo desenfreada (ela mesmo confessaria), psicologicamente afetada por minha saída repentina do banco e por minha inusitada e incerta nova ocupação, que até hoje é difícil de explicar.

Em maio acabou o dinheiro de meu acerto. Em junho acabou meu primeiro contrato com os parceiros e entrei no vermelho. Meu plano era conseguir, já para julho, um contrato de uns R$ 3.900,00/mês brutos, para que sobrassem os R$ 3.000,00/mês de que precisava para manter nosso padrão de vida – na ocasião já não podia contar mais com o salário de minha esposa.

Veio então um segundo e pior choro; acho que já em junho: minha esposa, percebendo o iminente colapso financeiro pelo qual poderia passar nossa família, pressionou-me fortemente, e eu destampei a chorar e a confessar, meio desesperado, que eu realmente não tinha certeza se era forte ou se era um fracasso, se realmente eu conseguiria sustentar-nos naquele caminho que eu, aparentemente "sozinho e irresponsavelmente", escolhera, ou se levaria nossa família à "ruína" (diga-se, de passagem, que eu nunca considerei falta de dinheiro como "ruína").

Acontece que eu não estava sozinho: eu tinha Deus, não aquele "deus" de coração, de mente ou de alma que a maioria prega, mas o Deus dos braços abertos, em sinal de equilíbrio, sacrifício, esforço pessoal e obras, e tinha também uma mulher forte ao meu lado, uma mulher que me cobrava, me empurrava e que continuava comigo, mesmo na tristeza ("amai-vos na alegria e na tristeza").

E eu, se podia de alguma forma parecer irresponsável

aos olhos dos mundanos, nunca estivera tão em paz com minha consciência, realizando um trabalho impagável pela sociedade e recebendo o carinho de milhares de crianças em minha função pública de atleta-palestrante-empreendedor itinerante.

O difícil equilíbrio financeiro e pessoal

O "problema" todo, aos olhos do mundo, é sempre questão do dinheiro: de um lado o católico muitas vezes se acovarda e se omite sob um véu de "humildade" e não trabalha ou crê o suficiente em si e em Deus para ganhar bem; de outro lado, o judeu (banqueiro por excelência) ou o protestante muitas vezes se exalta e pisa nas pessoas, sob o véu da impessoalidade científico-empresarial, arrancando do próximo a mais-valia e ganhando mais dinheiro do que precisa. Poucos são os que se equilibram na vida e nas finanças.

Eu não precisava, nem preciso, de mais de R$ 3.000,00/mês para "ser feliz", e nem de menos. Antes de sair do banco (onde ganhava uns R$ 6.000,00/mês brutos – incluindo ticket, FGTS, etc.) li uma pesquisa em uma grande revista mostrando que os brasileiros que se consideram mais felizes são aqueles que ganham entre R$ 1.500,00 e R$ 3.000,00/mês, se não me engano, ou seja, são aqueles que ganham um valor razoável, equilibrado, nem mais nem menos do que precisam. R$ 3.000,00/mês foi o meu último salário-base no banco. Esta era minha meta, a necessidade de minha família – só isso, e tudo isso. Nem mais, nem menos.

Junho, como disse, entrei no vermelho: começava a pensar em vender nosso segundo imóvel, e faria ainda aquilo, se fosse preciso, pois estava disposto a gastar todas as nossas reservas para realizar meu sonho de chegar à sustentabilidade financeira fazendo aquele trabalho que eu amava e do qual a sociedade tanto precisava. Mas me parecia um exagero chegar ao ponto de vender nossa casa em Uberlândia e "queimar patrimônio", como dizem na linguagem econômica.

Em julho eu precisava de um bom contrato, e esperava já ter receita de um único parceiro – uma grande instituição. Planejava centralizar em um só parceiro-cliente, com capacidade financeira indiscutível. Fiz a proposta no começo do mês, de R$ 3.900,00/mês para um ano.

E comecei a esperar.

Julho e agosto de 2007 foram os piores meses, mas julho foi o pior, pois foi quando menos trabalhei e menos (ou nada) ganhei desde que saí do banco: eu esperava parado que Deus me ajudasse convencendo esta grande instituição a aceitar minha proposta.

Mas Deus me mostraria, mais de uma vez, que esperar parado não é uma boa: "a vida é como andar de bicicleta, você só cai se parar de pedalar", já diziam Einstein e Claude Pepper, em citações semelhantes.

Enquanto eu esperava sentado por Deus Pai, pedi dinheiro emprestado ao meu pai Clóvis, e ele me disse duas coisas que resumem a educação exemplar que o melhor pai do mundo pode dar a um filho que queira se tornar um grande homem: primeiro, ele me disse o mais importante

"A verdade...".

E continuou com o menos importante:

"... é que não tenho dinheiro agora, meu filho."

O olho no olho ausente nas grandes empresas

O fato é que por um lado...

Deus não consegue convencer os "grandes": as "grandes empresas" só enxergam a si mesmas, não conseguem enxergar o valor de um passarinho, de uma borboleta ou de um bom trabalhador – foi assim no banco, onde não só eu, mas até o melhor superintendente, o "Antônio", se decepcionou (ele me confessou certa vez) por não ter sido percebido pela "alta diretoria" como capaz de conduzir, com simplicidade e baixos custos, um ótimo trabalho de melhoria organizacional para o qual acabou sendo contratada uma "grande empresa de consultoria" internacional e de cifras milionárias. Acontece que nas "grandes empresas", os "grandes executivos" têm tão "grandes olhos" que não conseguem olhar nos olhos dos funcionários "rasos", mesmo dos melhores.

No banco (eu sabia disso!) se em vez de enviar planos, palavras e números, tivesse tido a oportunidade de olhar nos olhos do presidente para dizer o que queria, e como eu poderia ajudar o banco a melhorar, talvez tivesse tido mais sucesso. Na proposta para um grande patrocinador (feita em julho de 2007) se tivesse também tido essa oportunidade, ambos poderíamos ter ganho, mas...

Por outro lado, o fato é que...

Deus (ou minha consciência – o que dá na mesma, para quem não sabe ou percebe) me convenceu que não poderia esperar parado, e de que talvez não dependesse dos "grandes", e pudesse dar sustentabilidade ao meu trabalho procurando parceiros "menores" junto aos quais eu pudesse olhar nos olhos de quem decide, de quem tem o "poder do dinheiro".

Vendi nosso carro para cobrir nossos furos financeiros de junho e julho. Pensei em esconder de você, leitor, que tive que financiar o outro carro que comprei em um banco. Pensei também em esconder de você que mesmo a Bíblia cita que, em alguns casos, podemos usar de um banco. Porém, o objetivo deste testemunho não é dizer que bancos são ruins: bancos não são ruins nem bons, são coisas, não têm caráter, não são morais nem imorais, são amorais. As pessoas que com eles interagem, estas sim, podem fazê-lo moral ou imoralmente. Repito Saramago: "não existem empresas éticas, mas pessoas éticas que trabalham nestas empresas".

O terceiro choro, dinheiro, vendas e independência

Em agosto demiti mais uma vez o "banco do esperar parado", "caí na realidade" da necessidade e da força que Deus ainda me reservava, mesmo sem eu saber, e "caí na rua" para vender meu trabalho para mais um ano, em cotas que, no total, deveriam atingir os R$3.900,00/mês.

O que falou mais alto: a necessidade ou a vontade?

O que falou mais alto: a razão ou a fé?

Não sei quem "falou" mais alto, mas o importante não é o que se "fala", mas o que se faz, e então razão e fé devem dar lugar à ação, aos pés no chão.

Talvez eu não tivesse a *necessidade* de me "humilhar" e ir às vendas de porta em porta das empresas pequenas, talvez eu pudesse ter logo vendido minha segunda casa, arrumado um emprego "normal e seguro", desistir da minha *vontade*.

Com certeza eu não tinha a *vontade* de me "humilhar" e ir às vendas, mas, afinal, era isso que eu fazia para o banco, e esta era, e ainda é, minha competência absolutamente necessária para minha independência: a capacidade espiritual e prática de me "humilhar" em vendas e de conseguir o famigerado dinheiro. Não adianta ser palestrante, escritor, atleta, se eu não conseguir vender meu trabalho.

Repito: esta é a grande habilidade do bancário, em especial das áreas comerciais (aqueles que vendem cartões, seguros, etc.), exceto aqueles que, muitos e infelizes, não têm a verdadeira competência para vendas, "empurrando goela abaixo" ou ludibriando clientes ao realizar uma "venda".

Vender é, de certa forma, a capacidade do sujeito de se humilhar para conquistar seu objetivo. Ser um bom vendedor é ser um pedinte, um "rogante", e a imensa maioria das pessoas não realiza seus sonhos por não conseguir vendê-los, por não conseguir se "humilhar", ser humilde: muitas pessoas não realizam seus sonhos por serem, no fundo, "a-rogantes". E o pior: muitos não só desistem de seus sonhos por falta de humildade de vendas, mas também perdem sua dignidade por isso, ao trocarem seus valores morais por valores financeiros junto a alguém que venda seu trabalho em seu lugar – é mais fácil ter emprego, ser assalariado, "receber ração", como disse meu amigo e autônomo Yasser.

Vender é como aprender uma acrobacia, é uma espécie de masoquismo, de sacrifício cristão: você tem que levar um monte de "nãos", um monte de tombos, e seguir altivo e automotivado, repetindo a si mesmo, sem parar: "tente outra vez, tente outra vez, tente outra vez.".

O mais interessante é que, depois que você se domina e aprende que os tombos ou "nãos" não vão matá-lo, e depois que você consegue ser o único ciclista do mundo a realizar uma manobra, ou a única pessoa que você conhece que conseguir vender seu sonho de ser atleta-palestrante-empreendedor social, então você está no CÉU!

Você tem um sonho e quer ser soltador de pipas? Então solte nas horas vagas, ou então, convença alguém a lhe pagar por isso (quem sabe você não bota uma propaganda de uma empresa, e não solte esta pipa em uma praça movimentada – eis uma dica!).

Eu trabalhei muito como vendedor naquele mês de agosto de 2007. Fui "pedir patrocínio", ou, na linguagem adequada de um empreendedor-vendedor, "oferecer parceria", em 57 empresas. Tinha dias em que eu não conseguia sair de casa: era muito menos difícil (em vendas não existe "mais fácil") vender um banco, uma coisa com propaganda no horário nobre, do que vender o seu próprio trabalho inventado: quando lhe dizem "não", não estão recusando um "algo" que você oferece – ao recusar seu trabalho estão recusando um "alguém" – e este "alguém" é VOCÊ! Isso é HORRÍVEL!

Vender seu trabalho é o que você faz quando sai "pedindo emprego" – na verdade você deveria "oferecer parceria": o mais cruel é que, mesmo após uns trinta "nãos", você deve continuar oferecendo e sorrindo, senão não venderá, e seu sorriso não pode ser falso, exceto se você for um ótimo ator.

Não fui oferecer parceria a nenhum banco (o título do meu site não ajudaria!) no sentido exato do termo, mas como não poderia excluir nenhum cliente potencial, visitei uma cooperativa de crédito, que é uma espécie de "banquinho" local. E qualquer "banquinho" local tem sempre dinheiro sobrando, eu sabia; e, sendo uma estrutura pequena, teria acesso ao gestor principal. Não sei se ele olhou nos meus olhos, mas me lembro bem do "NÃO" ríspido, direto e seco aquele senhor, já de idade, me deu, virando-se de lado.

Para um vendedor é até bom quando um cliente potencial te despacha tão rápido e de forma tão convicta: isso economiza seu tempo e sua "lábia".

Mas confesso que chorei: no mínimo uma lágrima, no máximo uma lágrima.

Dia 03/9/2007, com dez parceiros conquistados para os próximos doze meses e com um total de R$ 3.521,00/mês, mesmo um pouco abaixo do planejado, eu havia atingido o ponto de equilíbrio e de sustentabilidade financeira para o Projeto Saúde & Equilíbrio e para a minha família.

Na mesma semana eu desfilava pelas ruas da cidade de Patos de Minas, com minhas acrobacias e minhas faixas educativas, levadas por crianças e jovens com o meu nome, o nome de meus parceiros e com o slogan daquela nova temporada, sugerido por um interessante amigo meu, que é palhaço-acrobata-deputado, o Almir Paraca: "Eu Amo Patos, Radicalmente!".

Era dia 7 de setembro, Dia da Independência.

Naqueles dias publiquei, em minha coluna no construtivo jornal local, a *Folha Patense*, o texto que abre esta segunda parte do livro, com o título: *O Homem Mais Feliz No Mundo*.

Eu Amo Patos, radicalmente!

Depois daquele mês de agosto, os onze meses seguintes seriam puro sonho, não dá para descrever.

Patos de Minas (MG), na região do Alto Paranaíba, 130.000 habitantes, foi a cidade que me acolheu em 2003, e para mim é a perfeição, pois une as coisas boas da cidade grande e as da cidade pequena, como já disse; equilibra alta qualidade de vida e baixo custo de vida, as pessoas têm gosto pelo esporte e têm uma boa espiritualidade.

A cidade se destaca como cidade das bicicletas: como querem em Paris, aqui o ciclismo já é realidade; pena que poucos aqui têm consciência da grandeza da própria cidade e de questões culturais como essa, ou como o caminhar pelas ruas de que mantêm a saúde física e mental das pessoas, além de evitar que as ruas se tornem "terra de ninguém", como nas grandes cidades.

As bicicletas estão no cotidiano das pessoas: senhoras, meninos, idosos, todos e até um vereador (que tem carro) usam a bicicleta rotineiramente. E Patos de Minas é conhecida em boa parte do país como a terra das garotas bonitas (VOCÊ NEM I-MA-GI-NA!) – e são tantas que custei a entender porque elas não são esnobes: acontece que aqui quase todas são lindas, então, elas não percebem isso!

Dentre as mais lindas é eleita anualmente a mais linda de todas, que comanda simbolicamente a FENAMILHO (Festa Nacional do Milho), uma "festinha" de 10 dias que acontece em maio e reúne "algumas" 300 mil pessoas. Entre junho de 2007 e maio de 2008 a Rainha Nacional do Milho era a jovem Amanda Thaís de Oliveira, então com 17 anos, que aceitou ser voluntária em meu trabalho (o Projeto Saúde & Equilíbrio) nas visitas às crianças nas escolas.

Sonho ou realidade?

Sonho E realidade: uma família maravilhosa, sustentação financeira para uma "profissão" que eu mesmo inventara e que incluía ser o herói de dezenas de milhares de garotos, e, de brinde, ser o rei das bicicletas na cidade das bicicletas, tendo ao meu lado a rainha das meninas lindas na cidade das meninas mais lindas!

Fé, fidelidade e autocontrole: segredos do sucesso pessoal e profissional

Um "detalhe" interessante de minha vida e ao qual eu atribuo meus sucessos é, ao lado de Deus (ou da fé em valores superiores, o que dá na mesma), buscar sem cessar o autocontrole, a autodisciplina. Se você se controlar, você pode dar uma ordem para si mesmo para que faça algo que você superficialmente não quer, mas que deve ou precisa fazer, como sair para a rua para vender sabendo que vai fracassar várias vezes antes de conseguir atingir sua meta.

Com o autocontrole (e Deus), eu me tornei o Homem Mais Feliz No Mundo. Também é preciso fé e humildade. Nos grupos de auto ajuda, como o Alcoólicos Anônimos, o primeiro passo é admitir sua impotência, suas fraquezas, seus defeitos de caráter, e para isso é preciso humildade. Em segundo lugar a sabedoria de vida me ensinou que é preciso fé, não só em Deus, mas nos seus valores morais – é preciso fé, pois não há comprovação científica ou racional para a honestidade, para a fidelidade ou para o amor e a verdade. Os verdadeiros valores não têm preço nem lógica: não se pode comprar felicidade assim como não há razão para o verdadeiro amor.

Alguns grandes vícios humanos são: o dinheiro, a razão, o sexo e o consumo.

Desde os treze anos me autoanalisando, tive a humildade de reconhecer que minha maior fraqueza era (e ainda é) de cunho sexual: queria (e ainda quero) transar com todas as mulheres e de todas as formas. Sabia, então, que tinha (e tenho) que me vigiar neste quesito. Então, desde cedo, comecei a fazer testes de autocontrole sexual, por exemplo, tentando ficar o máximo de tempo sem me masturbar; e meu recorde até 2005 era de dois meses.

Quando comecei a namorar minha primeira e única mulher, consciente de minha fraqueza sexual, tendo fé no princípio da fidelidade, e sendo um apaixonado por bicicleta, criei uma lei para mim mesmo (ninguém sabia disso até que comecei recentemente a contar em minhas palestras): caso traísse aquela garota, eu nunca mais andaria de bicicleta. Este tipo de autodeterminação é o que grandes filósofos dizem ser a essência da moralidade (não do moralismo): o sujeito como legislador de si mesmo a partir de princípios "a-priori" de moralidade (como a fidelidade) para os quais não há lógica, não há contrapartida racional. Como diz a citação popular, "o amor tem razões que a própria razão desconhece". É nesse sentido que, talvez, a minha maior conquista de vida até o momento tenha sido manter a minha fidelidade.

Autocontrole, liberdade, sucesso e sexo

Sobre autocontrole ou autodisciplina, como queiram, tenho dito aos jovens que quem consegue isso tem sucesso profissional garantido, além de pessoal, é claro. Meu irmão A., por exemplo, no transcorrer de 2007, passou em três concursos para juiz (conheça-o no site www.dedodeprosa.com.br). Digo aos meus espectadores nas palestras que não conheço outro motivo que separe alguém de ter um salário como o dele (R$ 18.000,00), que não a falta de autocontrole, já que os concursos, por exemplo, são públicos, e sobram vagas para quem conseguir se controlar e estudar. Ficam todos vendo pornografia ou TV e as chances vão passando.

Ele (o A.) me deu uma entrevista, publicada no jornal *Folha Patense*, donde destaco a seguinte questão:

Clóvison: Temos pregado nas palestras do Saúde & Equilíbrio que a autodisciplina (o autocontrole) é uma chave para o sucesso, e que no caso do sr. o esporte praticado na adolescência (o caratê) ajudou-o a aprender a se disciplinar. Até que ponto isso pode ter sido realmente relevante para sua vida e para os estudos?

Dr. A.: "Como já dito, a autodisciplina realmente é a

chave do sucesso. Há uma música que diz que disciplina é liberdade. Não a disciplina como um elemento de controle social, uma ferramenta de sistemas como o fascista ou o nazista, mas justamente a autodisciplina. Talvez seja mais fácil um ditador controlar toda uma sociedade do que a pessoa controlar a si mesma. Meu desafio é justamente esse: dominar corpo e mente, controlar as diversas potencialidades de inteligência, guiar-me em direção àquilo que eu desejo. Antes de começar meu estudo para concursos, preparei-me mentalmente por quase um ano para o que viria pela frente. Como? Dizendo a mim mesmo que aquilo era importante, que eu sofreria com várias renúncias, mas tudo seria em prol de um bem maior. É um diálogo interior muito maluco, mas absolutamente crucial para o desenvolvimento pessoal. Agora, por exemplo, tenho duas metas muito simples, mas em relação às quais sempre fraquejei: dominar o inglês e fazer exercícios físicos com regularidade. Difícil, muito difícil! O momento de ir para a academia ou para a escola de idiomas sempre é encoberto por inúmeras outras tarefas mais interessantes, como assistir a um filme, navegar pela internet e por aí afora. Nessas horas, entra a luta interna em busca do autocontrole: forço corpo e mente a se manterem no rumo daquele objetivo préestabelecido, por mais que isso cause desconforto. É uma das minhas brincadeiras mais sérias e desafiadoras, mas também mais produtivas. E um dos segredos para não desistir é mirar os resultados, pois é isso que dá a satisfação necessária para recarregar as baterias para novos desafios."

Ainda falando de autocontrole, e já, já, digo o que isso tem a ver com minha saída do banco, a citação que uso como uma das bases de meu trabalho de conscientização é (de Schweitzer) "o mundo se tornou perigoso porque os homens aprenderam a dominar a natureza antes de dominar a si mesmos".

Como exemplo da validade deste dito, e da temeridade da condição humana (costumo citar também médicos que fumam), podemos citar aquele que, em tese, seria o homem mais poderoso do mundo, com mais controle no mundo: o presidente dos EUA, que poderia inclusive começar uma guerra nuclear. Pois bem, quem não se lembra de um destes recentes "senhores mais poderosos" do mundo que não conseguiu controlar o seu próprio "pingolinho" e traiu sua esposa com a estagiária? Você já pensou se ele um dia sentir uma atração erótica pelo "botão da bomba atômica"?

O problema do descontrole sexual (esqueça doutrinas religiosas – é uma questão prática) afeta, sobretudo, aos homens, em especial em tempos de pornografia à vontade pela internet. As mulheres sabem tanto sobre a obsessão sexual da maioria dos homens quanto os homens sabem o que é TPM ou o que são as dores de um parto normal. Fato é que o comportamento "desviado" de "líderes" como este presidente americano, ou como o dos líderes de um grande banco que traem suas esposas, alavancam a onda mundial de menoridade do ser humano.

Convivi diretamente com líderes no banco e em minha comunidade (inclusive alguns líderes religiosos) cujo descontrole sexual trouxe prejuízos morais e emocionais para várias pessoas, sobretudo para eles mesmos.

"Cada um com sua convicção", diz a Bíblia, o que sei, ou melhor, não sei, mas CREIO, "boto fé", é que o fato de hoje me sentir o Homem Mais Feliz No Mundo tem relação diretíssima com meu autocontrole em favor de meus valores e com a preservação de minha própria dignidade e fidelidade. "Podem te roubar tudo, sua dignidade, só se você entregar", dizia Gandhi.

Ser livre e forte, para mim e para muita gente especial, é conseguir fazer não só o que se quer, mas conseguir inclusive fazer o que não se quer, quando for preciso ou for meu dever, "tudo posso, mas nem tudo me convém", diz a Bíblia, por exemplo:

- Transar com minha esposa sempre que ela quiser: isso eu quero, isso eu posso, isso eu devo, isso eu faço;
- Transar com todas as mulheres a todo tempo: isso eu quero, isso eu posso, isso eu não devo, isso eu não faço;
- Trabalhar me divertindo, fazendo acrobacias em minha *bike* e falando o que penso em minhas palestras: isso eu quero, isso eu posso, isso eu devo, isso eu faço;
- "Humilhar-me" saindo para a rua para vender meu trabalho: isso eu NÃO quero, isso eu posso, isso eu preciso, isso eu faço.

No dia em que pedi demissão do banco, eu estava há 72 meses (desde o início no banco privado) cumprindo metas com ética e, aos 33 místicos anos de vida, eu chegara a inacreditáveis quinze meses sem me masturbar e sem acessar pornografia.

Afinal, eu tinha, com fé, força e autodeterminação, atingido um estágio tal de controle sobre mim mesmo (ética) e de controle sobre os resultados de meu trabalho (estética – vendas), que acreditava, tinha fé, que eu realmente era capaz de vencer fora do banco.

Qualquer um que conseguir controlar a si mesmo, ser gerente de si mesmo plenamente será um grande homem, e saberá que é uma piada ser um grande empreendedor no sentido mercadológico. Qualquer um que consiga vender coisas intangíveis e inúteis como uma segunda conta corrente ou um seguro, ou "inúteis" como um projeto de responsabilidade social como o meu, pode atingir a independência quase que total e o sucesso profissional.

Chego a ter medo de minha (mesmo pequena) capacidade de vendas. Com o tempo fui percebendo que a capacidade de persuasão é a maior arma que um homem pode ter na mão. Quase não há diferença entre vendedores, políticos e pastores: todos são pregadores, vendedores de palavras (vazias ou não), e, se quiserem, podem vender as suas próprias ideias, que podem variar imperceptivelmente entre o divino e o diabólico, sustentando ou derrubando desde relacionamentos pessoais particulares até mercados financeiros mundiais.

É por isso que "reino de Deus não consiste em palavras, mas em atos", pois as palavras são manipuláveis, e quando você percebe que é capaz de manipular pessoas, então isso é muito perigoso, talvez mais para você do que para o outro: facilmente você pode cair na promiscuidade sexual, no egocentrismo ideológico, na vaidade do poder, na fama e na lama.

Terminando sobre sexo: curiosamente, após sair do banco e me tornar popular na cidade (meus eventos atingem mais de 30.000 pessoas por ano), milhares de garotas passaram a estar ao alcance de minhas mãos, e já fui assediado por algumas das mais lindas, me sentindo (mais curiosamente ainda – apenas Freud explica) quase que imune, de "corpo fechado" diante das mesmas, e tenho vivido a melhor fase de minha vida ao lado de minha mulher.

Moralidade, narcisismo e vaidade

Sei que toda essa abordagem pode levar o caro leitor a imaginar que está diante do homem mais vaidoso, metido e narcisista que existe, além de moralista também. Sobre isso gostaria de me posicionar:

Primeiro, quanto a ser moralista na questão sexual: não sou moralista, sou moralizador – procure saber a diferença. Conheço o ser humano, e sei que posições "mais amenas" na questão sexual na verdade mascaram o desgosto de cada um, em especial dos "machinhos", diante da própria impotência perante um rabo de saia, e "posições mais amenas" podem acabar em destruição de lares, no mínimo, ou nos casos cotidianos de pedofilia que você tem visto pela TV.

Segundo, quanto a ser metido. Lembrem-se de que eu deixei o banco apenas após a covardia de ter aceitado um visto falso, levando minha consciência a perceber que eu também sou estrume em potencial (e, naquele ato, real) – isso tirou de mim o estigma de perfeição. Por outro lado, preciso também me considerar realmente bom, com um bom marketing pessoal, para "me vender", pois, infelizmente, vivo não só do que faço (na bicicleta), mas também do que falo (nos livros, palestras, vendas, etc.).

Existe muito mais gente que deixa de vender sua imagem por pavor diante de um "não" do que por ser realmente humilde. Isso acontece muito com o cristão, em especial católico, como eu: muitos nos omitimos e nos escondemos debaixo das mesas, em nome de uma falsa humildade, esquecendo de que deveríamos ser como sacerdotes, "profetas e reis: luzes do mundo".

Quanto à vaidade, existe uma citação que me aflige quanto a sua possível aplicabilidade a mim: "a virtude não iria longe se a vaidade não lhe fizesse companhia" (R.W. Emerson), e, de vez em quando acho que todo o alarde que faço em torno de meu próprio testemunho de vida, talvez seja o pecado que me levaria ao inferno (se é que ele existe, não sabemos, mas eu creio); porém um pensamento se contrapõe em meu favor e de forma quase que inquestionável quando me pergunto se estou certo ou errado ao vender minha imagem e trabalho usando minha "lábia": se não fosse isso, o que eu estaria fazendo?

E, quando me lembro que poderia estar passando o resto de minha vida convencendo as pessoas de que "cartões de crédito e seguros" melhorariam suas vidas, então fico feliz e levanto o nariz por ser hoje quem eu sou, fazer o que eu faço e vender "quem" eu vendo e da forma que eu vendo.

Por fim, sobre o narcisismo, é verdade: eu uso um pouco de narcisismo como contraponto de equilíbrio psicológico diante de algumas feridas que a vida me deu. Ter visto minha mãe morrer aos poucos não foi o pior que este mundo me ofereceu, então, sou obrigado a me achar melhor que este mundo. Se bem que não maior que os outros, e sempre menor que Deus.

Toda grande pessoa de fato deve ser um grande profissional, mas nem todo grande profissional é uma grande pessoa.

Um choro "quase" esquecido: um alguém, uma confissão

Dentre os milhares de fatores que culminaram com a minha saída do banco e mudança de vida, o principal pode ter sido um choro "quase" esquecido neste livro: certo dia, quando eu tinha uns 19 anos, portanto mais ou menos quando entrei no banco, um alguém que muito me ama me chamou para conversarmos a sós e chorou copiosamente por um longo tempo, o que me marcou profundamente. Motivo: ele havia ferido seus princípios por dinheiro.

Esta confissão talvez tenha sido a maior prova de verdadeira cristandade e sabedoria daquele alguém que, para mim, é um exemplo; com esta atitude, este alguém ajudou a completar, com chave de ouro, minha educação. A partir daí eu tinha a liberdade para fazer meu próprio destino junto ao Pai Nosso.

Recentemente, ao falar de drogas a uma turma de primário, um garoto de uns 9 anos (notadamente o mais "problemático" da sala) exclamou convicto diante de sua turma: "meu pai usa drogas!". Eu, de pronto, disse-lhe:

"Mas seu principal Pai (apontei para cima) não usa drogas nem mente, por isso é a Ele quem você deve imitar."

Junho de 2008: sonho, realidade e perspectivas

Em junho de 2008 meu trabalho já tinha "estourado" na cidade: completando mais de 500 apresentações desde 2006, e com mais de 50.000 espectadores, mais da metade da cidade já me havia assistido ou pelo menos ouvido falar do CLOVIN, o ex-gerente de banco que passou por uma mudança radical de vida e que faz sucesso com acrobacias em bicicletas e em palavras. Com grande apoio da imprensa local (que conta com uma raríssima e valorosa emissora de TV aberta) e com o carinho e reconhecimento do povo, minha vida realmente parecia ter chegado ao ponto mais alto.

Contudo, ainda me assustava muito a dificuldade de venda que eu tivera em agosto de 2007, e confesso que ainda não tinha "caído a ficha" (nem sei se já caiu!) da realidade do sucesso de meu trabalho e de minha mudança de vida. Parece que, na medida em que meu sonho de vida nova foi se tornando realidade, fui também perdendo a capacidade de distinguir sonho de realidade. Foi algo como se minha vida se transformasse em poesia, e fico ainda mais feliz por saber que toda esta história, quando você estiver lendo, terá chegado até o leitor pela humanidade e atenção que uma editora de poesias deu a um pequeno escritor da vida real (ou de sonhos?)...

Mas estava claro que sempre houve a possibilidade de "tudo" dar errado, ou pelo menos de eu não conseguir a famigerada sustentabilidade financeira, para não dizer grana, mesmo. Eu acredito que gastei quase todo o meu esforço de vendas no banco, e não sei se teria forças para todo ano receber 47 "nãos" como em 2007, para manter o Saúde & Equilíbrio. Assim, já no meio de 2007, como um estrategista da vida, por obrigação legal tive que me filiar a um partido político para manter aberta a possibilidade de eu me candidatar a vereador em 2008 e garantir dinheiro para sustentar minha família com tranquilidade por quatro anos.

Dinheiro, dinheiro, dinheiro...

Faço aqui, primeiramente, uma observação: dias antes de sair do banco havia lido uma matéria em uma grande revista sobre felicidade. Na matéria apresentaram uma pesquisa que mostravam que as pessoas que se consideravam mais felizes eram aquelas com renda média, acho que entre R$ 1.000,00 e R$ 3.000,00, se não me engano. Hoje temos em casa uma renda um pouco maior que esta, e um dos meus grandes objetivos para o futuro é precisar e ganhar menos do que hoje, pois aprendi que "rico é o pobre em necessidades", ou, como diz outro ditado, "rico não é o que mais tem, mas quem menos precisa".

Hoje abro minhas palestras dizendo que sou o Homem Mais Feliz No Mundo, entre outras coisas, porque tenho dinheiro para comprar tudo o que quero, já que quero muito pouco!

Entre julho de 2007 e junho de 2008 eu consegui recusar ao menos três "grandes ofertas" de dinheiro fácil.

Primeiro dinheiro – em julho de 2007, no auge de minha crise financeira, um gestor de um órgão governamental me chamou em particular em seu gabinete e me disse que tinha "muita verba" para projetos "bons" como o meu, e me entregou junto com estas palavras o currículo de sua esposa, "que poderia me servir no trabalho", disse. Não recusei de pronto: chamei sua esposa para uma entrevista, e ela me pareceu uma pessoa, no fundo, de bom caráter, tanto que perguntei o que ela achava daquela situação "delicada", e ela me disse que talvez o problema fosse dela, de cunho espiritual, e nunca mais nos falamos. Também não voltei a visitar aquele senhor, que em um encontro casual, meses depois, me disse que "bla-bla-bla... não tinha sido possível analisar meu projeto" (eu havia deixado uma proposta com ele, sem incluir sua esposa).

Segundo dinheiro – em dezembro de 2007 tive uma oferta também "muito especial" do banco que eu demitira por justa causa. Este caso vai ser contado em tópico especial mais pra frente.

Terceiro dinheiro – em abril de 2008 me ligaram para participar de uma entrevista para gerente comercial da unidade local de uma grande empresa de planos de saúde. O salário era maior do que eu precisava, e minhas chances de entrar também, mas nem cheguei a ir na entrevista. A questão em voga era: para que passar a vender planos de saúde quando se pode continuar "vendendo saúde"?

Ser vereador ou continuar o sonho de ser eu mesmo: o quarto choro

Não que eu não teria sido um ótimo vereador, ou que não me sentisse capaz o bastante; também poderia continuar, de certa forma, meu trabalho com o Saúde & Equilíbrio; o problema todo estava em torno deste dois pontos: primeiro, em torno deste "de certa forma" com a qual eu continuaria meu trabalho, com partidarismo e com um enquadramento institucional e formal que não me agradavam. Segundo e, principalmente, porque não seria uma questão de vontade, mas de necessidade (financeira). Afinal, a única coisa que o cargo político poderia me proporcionar àquela altura era quase que exatamente a mesma coisa pela qual eu trabalhara em meus últimos meses de banco: dinheiro, dinheiro, dinheiro.

De certa forma, seria andar para trás.

Mas era literalmente "tentador": quatro anos de estabilidade financeira, um bom tempo livre para eu fazer meu trabalho na comunidade ("de certa forma"), "status" oficial garantido pela força do cargo e, o principal: a eleição em minhas mãos, já que eu era a principal personalidade "inovadora, confiável e respeitada" da cidade, com uma legião praticamente imbatível de eleitores potenciais oriundos de meus anos de bom trabalho no banco e, mais recentemente, na comunidade. As minhas chances eram tantas que o líder local do partido (que era vereador candidato a reeleição) me cedeu o principal número do partido, com final em "000" – era certo que me elegeria, com uma boa campanha.

Todavia, seria por necessidade, não por vontade.

E ainda me vinha aquela canção do Raul Seixas "... pode ser que eu seja eleito, e alguém pode querer me assassinar...". Delatar meu chefe no banco já tinha sido o bastante para mim.

Não consegui decidir, até que Deus e minha esposa decidiram por mim: ela conquistou uma promoção que quadruplicaria seu salário exatamente a partir de agosto de 2008, mês em que eu iniciaria uma nova temporada de meu trabalho, para a qual eu precisaria sair vendendo novas cotas de parceria.

Quando eu percebi que tinha ao meu lado uma esposa que, além do amor, de filhas, de um lar maravilhoso e de alguns necessários empurrões, me daria agora também apoio nas finanças da casa, então eu chorei silenciosamente, e feliz.

Naqueles dias de minha desistência de candidatura, início de julho de 2008, publiquei em minha coluna, no jornal *Folha Patense*, a seguinte "Carta Aberta à Comunidade":

Talvez... Eternamente assim: eleito o Clovin

"Pois o Reino de Deus não consiste
em palavras, mas em atos"
(da Bíblia)

Já sou eleito por Deus e por Você! Eu, Clovin, NÃO sou candidato a vereador, não sou candidato a nada.

Tenho imensa dificuldade em lidar com palavras e não consigo escrever o que estou sentindo ou que queria te fazer perceber. É por isso que te peço, meu amigo: caso queira me entender melhor e me prestigiar, vá ao evento de homenagens e confraternização que o Projeto Saúde & Equilíbrio estará promovendo. Não é preciso roupa especial, nem convite de papel. Não precisa pagar dinheiro ou entender a lógica do evento, é só ir lá, se quiser.

Eu não quis ser vereador. Eu nunca quis ser vereador. Se havia esta possibilidade, seria por necessidade, não por vontade.

Mas já fui eleito por toda esta cidade como o Homem Mais Feliz No Mundo, ao menos é isso que todos me de-

monstram: desde a mais pobre e oprimida criança, até o mais renomado juiz, todos parecem me amar. Votariam em mim, mas preferem que eu continue assim.

Eu é que fico sem entender, porque é que Deus me dá tanto de bom, sendo que eu nem acho que tenho coragem de dar minha vida pelos irmãos. Um homem especial disse: "Alguns foram chamados a morrer por Cristo, mas todos foram chamados a viver por Ele", e sinto um pouco de vergonha de no fundo acreditar que faço parte da maioria, dos comuns, por acreditar que não tenho coragem de morrer por Cristo, mas se tudo o mais que tenho que fazer é Viver por Ele, então para mim, a Vida é um Sonho.

Você tem noção do que é, por "buscar em primeiro lugar o Reino de Deus", ganhar uma supergrana para me divertir de bicicleta e conversar com meus amigos? Você tem noção do que é ser o herói da criançada desta cidade? Você sabe o que é não amar partido, mas inteiro? Você sabe o que é ser aclamado por onde passa? Você sabe o que é poder entrar em qualquer lugar desta cidade vencendo todo o medo? Você sabe o que é poder acordar de manhã e decidir aonde se quer ir, para quem você quer ser herói naquele dia?Você sabe o que é ter a mulher mais maravilhosa do universo como sua esposa? Você sabe o que é ter uma esposa que não tem jeito de saber se é mais bonita por dentro ou por fora? Você sabe o que ser filho de um Rei, ser adotado por um guerreiro, ser filho de uma Rainha, ser adotado por outra Rainha e ser esposo de outra Rainha, ser pai de duas princesas, ser o rei da bicicleta na cidade das bicicletas e ainda ganhar de presente uma irmã adotiva, também Rainha? Você sabe o que é ter duas filhas perfeitas, dois anjos em casa, concebidas sem pecado? Você sabe o que é ser amigo e receber conselhos de seres humanos tão divinos como o Cabo Magela? Você sabe o que é ser o Homem Mais Feliz No Mundo em uma nova ci-

dade, após ser humilhado, expulso e cuspido, sem culpa, em sua própria terra? Você sabe o que é perdoar? Você sabe o que é a imortalidade da alma? Você sabe o que é um lar, saúde de corpo, mente e alma? Você sabe o que é família? Você sabe o que é ser o único esportista radical, pastor, filósofo e empreendedor do mundo? Você sabe o que é poder estar absolutamente sozinho de vez em quando, e em seguida ter centenas de rostos te dando toda a atenção do mundo? Você sabe o que é ter o respeito de todos que te cercam? Você sabe o que é se preocupar com tanta coisa boa, sendo que a Bíblia diz que o mundo pode te odiar? Você sabe o que é apenas querer amar a todos e ver todos a sua volta muito bem? Você sabe o que é poder ser adolescente aos 35 anos, brincando de bike *na praça? Você sabe o que é ter o corpo de um adulto, a mente de um ancião e o coração de uma criança? Você sabe o que é não caber dentro de nenhum conceito ou palavra? Você sabe o que é não saber definir qual é a própria profissão, e ter orgulho disso? Você sabe o que é entregar sua vida e vontade a Deus, de forma especial, e Ele te ELEGER como o homem mais amado da cidade mais maravilhosa do mundo? Você sabe o que é o equilíbrio de ter uma vida privada espetacular e ao mesmo tempo ter uma vida pública mais espetacular ainda? Você sabe o que é poder ser você mesmo, radicalmente? Você sabe o que é AMAR RADICALMENTE? Você sabe o que é SER AMADO, RADICALMENTE?*

No princípio de tudo, FUI AMADO, TRANSBORDANTEMENTE AMADO.

Estou no meio, AMANDO.

Não tem "nada a ver-e-a-dor".

ETERNAMENTE ASSIM.

ELEITO O CLOVIN...

O último choro

Não sei se efetivamente me tornei um melhor pai depois que saí do banco, como eu queria, não ao menos do ponto de vista de minhas filhas e esposa, que hoje não escondem um pouco de ciúmes por minha vida pública e por alguns compromissos fora de hora. Contudo, estou certo de que me tornei uma pessoa melhor e infinitamente mais útil à sociedade. E sei também que, se estivesse no banco, com certeza não teria chorado este último e mais valioso choro que vou relatar antes de terminar este livro.

Era início de julho de 2008 e minha filha caçula, à qual eu me referia em minha carta demitindo o banco (no dia de seu aniversário), participava pela terceira vez dos jogos interescolares da cidade. Era um dia de semana, em um horário que certamente os gerentes de banco não podem se dar ao luxo de irem ver suas filhas jogando queimada na escola. Mas eu não era mais gerente de banco, eu agora era gerente de mim mesmo e de meu trabalho, e podia ver todos os jogos de minhas filhas.

O Dr. Jaques Souto, um amigo e também promotor local, palestrante voluntário de meu trabalho, tem feito dezenas de palestras sobre a importância da presença da figura paterna junto aos filhos. Segundo seus estudos e inúmeros casos reais que acompanhou, "toda, toda, toda (ele repete mil vezes)" pessoa que se desvia do caminho da virtude sofre de carência de pai. "Nem todo carente de pai vira bandido", ele diz, mas "todo, todo, todo mau caráter" foi carente de pai.

Sendo assim, não sei se consegui, como na carta de demissão, "dar de presente um pai melhor", mas, ao menos um pai presente eu consegui dar para esta minha filha neste dia, ocasião em que, justo por estar presente, choraria de alegria.

Nos três anos em que disputava os jogos, o time de minha filha nunca tinha ganho um jogo sequer, e aquele era o último jogo do torneio deste ano, já que elas já não tinham chances de ir em frente. Mas desta vez foi diferente: mesmo sentindo dor em uma perna, a Cris jogou e seu time ganhou.

E eu chorei de alegria e orgulho.

Tenho vontade, e choro de novo neste instante, só de lembrar...

CAPÍTULO 9
QUEM EU QUERO SER?

Faltam cinco minutos para o fim do dia 27 de julho de 2008. Pretendo deixar minhas palavras finais desse livro.

Algo de bom foi que um mês atrás esqueci o telefone da agência em que trabalhei, o que para mim significou que eu realmente superei minha fase "numérico-bancária".

Outra coisa que quero dizer é que seis de meus dez parceiros já renovaram comigo para mais um ano. E das cinco primeiras empresas que visitei, quatro aceitaram minha proposta, sendo que vou ter que dispensar uma, pois quero atender apenas dez parceiros por ano, para fazer um trabalho de qualidade. Não houve trauma ou dificuldade alguma para eu vender mais um ano de meu trabalho.

Sobre dinheiro, a partir de primeiro de agosto, ou seja, nesta semana, com a ajuda de minha esposa e com meus novos parceiros, a renda de minha família vai ultrapassar a renda que tínhamos quando eu era gerente de banco.

Sobre gente, me senti muito sozinho até hoje por não ter colegas de trabalho, mas eu vinha ouvindo nos últimos meses uma antiga canção de adolescência cuja tradução é: "envie-me um anjo, agora", e então, também a partir deste primeiro de agosto de 2008, terei ao meu lado um "Anjo", uma preciosa estudante de psicologia que ama fazer acrobacias de *bike* e junto à qual ainda vou tentar as acrobacias mais ousadas de minha vida. Ela se chama Hohana Hassan, nome que por "acaso" significa: "família – compromisso eterno", ela é um presente de Deus pra mim.

Ah, e já ia me esquecendo: o slogan do Projeto Saúde & Equilíbrio, o meu trabalho e minha vida, para a temporada 2008/2009 junto aos jovens (você ainda é jovem?), já está decidido:

Quem Eu Quero Ser?

PROJETO

SAÚDE & EQUILÍBRI

RESPONSABILIDADE SOCIA

O Projeto **SAÚDE & EQUILÍBRIO** é uma missão de vida realizada na forma de ação social itinerante.

OBJETIVOS: Promover a integridade e valores humanos, e prevenir vícios; estimulando o espectador a se cuidar enc ser de corpo, mente e alma, com exercícios físicos, reflexão e fé.

O livro do **CLOVIN**

O IDEALIZADOR E SUA VIDA: o humanista Clóvison Elberth Alves, o **CLOV** administrador, filósofo e acrobata. Bancário por 14 anos, em 2006 figurou entr melhores gerentes do país em seu banco; então, fez uma mudança radical e se t GERENTE DE SI MESMO, acreditando no SONHO de promover Saúde & Eq através de sua habilidade como acrobata do BMX e palestrante comportan Entregou-se a esta missão de vida e ação social. Conheça mais em seu livro – De Banco – Admiti a Vida (Musa Editora / SP - foto ao lado).

ENVOLVIDOS / EQUIPE: os parceiros patrocinam as ações e o Saúde & Equilib executa, beneficiando escolas, ONG.s e empresas que acolhem o trabalho. A conta com a gestora Luciene Vilarinho e o ciclista acrobata BETO BIKERS. Volur agregam valor, como: o palestrante Cb. MAGELA (PMMG), o dançarino cad Eduardo Alves (Dudu) e os acrobatas Andressa e Daniel.

COMO E ONDE: são feitos centenas de eventos anuais, atingindo 60.000 pesso ano, na forma de shows acrobáticos educativos de BMX e/ou pal comportamentais. De forma itinerante, são atendidas escolas e institu principalmente da região de Uberlândia (Triângulo Mineiro) e Patos de Minas Paranaíba).

TELS.: (34) 3223-1560 / 9991-7669 - E-mail: contato@clovison.com - www.clovison.co

INSTITUTO

SAÚDE & EQUILÍBRIO

RESPONSABILIDADE SOCIAL

TEL.: (34) 9991-7669 - e-mail: contato@clovison.com - www.clovison.co

PARTE III (2010) — O LIVRO DAS BICICLETAS

> "Viver é como andar de bicicleta: se você parar de pedalar, você cai."
> Einstein

É manhã do dia 10 de agosto de 2010.

Faz dois anos que escrevi a Parte II. Acabo de revisá-la reduzindo um pouco a exposição de minha vida pessoal, que mudou demais nos últimos dois anos.

Faz quase quatro anos que saí do banco.

Não é possível explicar o quanto mudei, o quanto me realizei e o quanto vivi neste período, incluindo dores e amores.

Posso dizer que o melhor e mais recente choro foi um abraço muito amoroso de minha filha Cristiane no dia dos Pais.

Havia pensado seriamente em retirar a Parte II, colocando apenas imagens de meu cotidiano de acrobacias ciclísticas e existenciais. Imagens valem mais que qualquer palavra, mas que, de toda forma, não conseguem transpor ao leitor tudo o que sou, tudo o que vivo, tudo o que mudo.

Não mudo, mudo o mundo.

Mas falar, principalmente falar a verdade, também dá medo, adrenalina.

"O medo tem alguma utilidade, a covardia, não"

Gandhi

O amor move o mundo. O medo o paralisa.

O amor é vida, energia, alegria, caminhada, pedalada: é o que vivo!

O medo é o que enfrento: a letargia, a omissão, a passividade.

Vivi mil vidas após sair do banco. Nem me lembro mais quem eu parecia ser. A melhor analogia é a de um passarinho na gaiola.

Acontece que, quando crianças, somos livres para acreditar em Deus, em nosso futuro, em nosso sonho... Quando entramos (ou sentamos) nos bancos da vida, no mundo do medo da falta de dinheiro, então entramos em uma gaiola existencial.

A questão é: quem sairá da gaiola antes do fim da vida não vivida na gaiola?

A questão é: quem sairá da gaiola do medo de ficar sem a ração salarial?

Quem tem medo do trabalho livre e gosto pelo emprego prisional, apego à ração racional salarial?

Fora da gaiola o passarinho vive mais tempo?

Provavelmente não.

Fora da gaiola o passarinho vive melhor tempo?

Certamente, absolutamente, SIM!

O passarinho tem medo de sair da gaiola...

Viver dá medo!

A questão é: aliar-se ao medo ou enfrentá-lo?

Nestes anos, chorei muito mais que qualquer um.
Nestes anos, sorri muito mais que qualquer um.
Nestes anos, eu vivi muito mais que qualquer um.
O banco morreu. O medo morreu. O dinheiro morreu.
O Clovin nasceu! Nasceu a Festa das Crianças, o Natal, o Carnaval!

O Carnaval: a Unidos da Tijuca levará o enredo "Esta noite levarei sua alma" para a Sapucaí em 2011. Fala-se sobre o medo, e sobre como a arte, a subjetividade, a condição de sujeito, podem fazer renascer, com coragem, a alegria, a vida, o amor.

O Paulo Barros me convidou para desfilar no Rio. Então, se você vir eu e minha bicicleta desfilando a acrobacia e a alegria do Homem Mais Feliz No Mundo na comissão de frente da Unidos da Tijuca em 2011, acredite: não sou eu quem vai estar lá...

É você, em potencial! Mas o convite não prosperou

O "livro dos bancos" e o "livro das bicicletas"

(Morreu o "livro dos bancos": minha editora e eu estamos tratando agora este livro como o "livro das bicicletas", então, resolvi escrever uns versinhos...)

Nasceu o livro das bicicletas,
Morreu o livro da reclamação,
Nasceu o livro da proclamação

Independência!!!
Autonomia!!
Libertação!

Não quero mais reclamar
Só quero proclamar
Não reclamo mais
Comemorar me apraz

A Ti, Meu Senhor
Entrego o meu viver
Meus braços e meu sofrer
Minha bicicleta e meu coração

Uma nova vida foi gerada
Fim dos números, fim da parada
Crianças e esperanças
Mudanças e sonhos

Nunca deixo de ser criança
Meu amor é a bicicleta
Aquela que sempre me liberta
Aquela que sempre me alcança

A decisão é tua
Você acredita em si
Você acredita n'Ele
Você acredita

Espero-te de braços abertos
Olhos espertos
Movimentos de fé
Levanta-te, de pé!

Pra me alcançar na alegria
Vai ter que ser todo dia
Não mais sentado

Não mais calado
Pra compartilhar meu amor
Dizer tchau ao teu passado
Acreditar em uma flor
Serei o teu namorado

Comece a escrever a sua história

Deixaremos esta última página em branco para você, se ainda não o fez, começar a escrever, ou reescrever, a sua história... É tudo o que esperamos de você, caro leitor.

ANEXOS: O QUE OS OUTROS DIZEM SOBRE O ASSUNTO

DEPOIMENTOS

DA Dra. ÁGATHA FRANCO, ADVOGADA*

* É advogada especializada em ações envolvendo bancos e bancários

"Situação do Bancário"

"Até 15/16 anos atrás, os bancários em especial buscavam o escritório de advocacia com o objetivo primordial de receber pelas extensas horas extraordinárias laboradas e não quitadas. Recebíamos no escritório pessoas centradas, bem orientadas psicologicamente, conscientes de suas pretensões, em que pese o cansaço que apresentavam decorrentes da sujeição ao trabalho extra nos muitos anos vividos à disposição do empregador. As dispensas se davam de forma menos traumática e o trabalhador deixava o banco em boas condições físicas e psicológicas, preparados para novos empregos, inclusive nos próprios bancos.

"Desde então o perfil deste bancário mudou drasticamente, e pude observar na prática jurídica esta mudança, como procuradora de bancários. A submissão às extensas jornadas de trabalho sob pressão e em péssimas condições ergonômicas trouxe consigo as doenças profissionais por movimentos repetitivos, chamadas L.E.R, e passamos a receber pessoas que buscavam reparações pela perda da saúde e pela aposentadoria precoce, incapazes de prosseguir na vida profissional de forma digna. Estes bancários já não demonstravam mais tranquilidade com o final do contrato de trabalho, mas inseguros e doentes, alegando saberem que não haveria mais oportunidade no mercado de trabalho, diante da perda parcial da capacidade laborativa. Até então, sentiam que a perda era apenas física e não tinham consciência do que estava por vir.

"É certo que esta mudança decorreu não apenas por atitudes isoladas do empregador, ou pela própria alteração na estrutura organizacional do trabalho global. Porém, não foram tomadas medidas de segurança para impedir o agravamento dos problemas que viriam como consequências da globalização e da forte concorrência, embora existam no país normas regulamentadoras, com disposições expressas a respeito da saúde do trabalhador em geral.

"Com esta perda inicial, gerada pelas cobranças de cumprimento de metas inalcançáveis, mobiliário inadequado, pressão e ameaça de perda de emprego, além da drástica e conhecida redução salarial, vimos o perfil de nosso cliente ser alterado, e o bancário que se apresenta hoje no escritório demonstra-se completamente debilitado. A maioria nos chega com quadros de estresse e depressão graves resultantes de decepções sucessivas em situações de trabalho frustrantes, das perdas acumuladas durante os anos de trabalho, de exigências excessivas de desempenho no trabalho geradas pelo excesso de competição, de ameaças permanentes de perda de função, do próprio emprego e absoluto desgaste mental. Dizem terem sido dispensados porque não conseguiram cumprir metas inatingíveis, ou porque foram ameaçados pelo chefe ou sofreram alguma espécie de assédio moral.

"Estes clientes, muitas vezes, são aqueles mesmos que deixaram o banco há alguns anos, e pareciam apresentar apenas perda física da capacidade laborativa, e que depois foram desprezados no mercado de trabalho, considerados inválidos, destituídos de sua honra e da fé em si mesmos. Com isso passaram, muitos, a apresentar distúrbios de comportamento, inclusive que os levavam a ser vistos até mesmo como marginais; eis que a sociedade de forma geral não tem conhecimento da realidade vivida por estes profissionais.

"E nossa tentativa em auxiliá-los na busca por justiça é, muitas vezes, solitária. Isto porque embora nos deparemos constantemente com o esforço dos julgadores e peritos em compreender as situações vivenciadas nos ambientes bancários, o diagnóstico e o estabelecimento do nexo causal de estresse, depressão ou outros quadros psicológicos com o trabalho é complexo, já que obriga ao conhecimento da organização do trabalho nos bancos e das experiências vividas por estes bancários. Este conhecimento permitiria a distinção entre sintomas parecidos, porém com origens diferentes.

"Assim, não raro e em que pese o esforço dos profissionais envolvidos, os peritos diagnosticam o mal psicológico. Porém, o relacionam com outros fatores extraprofissionais, exatamente por não terem o necessário conhecimento do cotidiano atual do bancário e do desgaste individual sofrido. Diante disso, as postulações relacionadas à saúde mental do bancário, e que decorrem das atividades desempenhadas no trabalho, inclusive decorrentes das próprias doenças por esforços repetitivos, são quase na totalidade negadas pelo judiciário.

"O que se vê então é que há grande necessidade de se

buscar o conhecimento e imposição, pelo judiciário, do cumprimento da legislação existente no país, como as Normas Regulamentadoras do Ministério do Trabalho, que buscam a proteção dos Trabalhadores. Tais NR's, muitas dirigidas aos bancários, deveriam ser – e não o são – amplamente aplicadas para o estabelecimento do nexo causal nos processos judiciais, além de se observar a lista de Transtornos Mentais estabelecida pelo Ministério da Saúde através da Portaria 1339/1999. Assim, caso o quadro de desgaste diagnosticado evolua para uma psicopatologia, o médico psiquiatra deveria estabelecer a relação do problema com o trabalho, a partir do conhecimento profundo do meio vivido pelo bancário que busca o direito.

"Somente assim será possível resgatar, ainda que parcialmente, a honra e a dignidade perdidas pelo bancário que atualmente é descartado pelo empregador nestas condições, e que não encontra outros meios de retornar ao meio laborativo."

Adv.- ÁGATHA FRANCO

Comentário: o relato acima, de uma advogada que acompanha vários bancários de minha região, faz perceber a gradual degradação do ser humano bancário ao longo dos anos, devido às condições de trabalho cada vez mais adversas. Parece ficar claro que não são casos "isolados" – aliás, o termo "caso isolado", se bem interpretado, não significa automaticamente "pouco numerosos", e de outro lado mostra o ***sintoma mais cruel dos bancários doentes****: apesar de serem milhares e milhares* ***eles se isolam, se fecham, se calam****: dentro dos bancos, no intuito de protegerem seus empregos e se mostrarem "fortes e produtivos"; e, fora dos bancos,* ***se isolam e se calam*** *pelo descrédito da justiça e muitas vezes da própria família, que não compreende as opressões das quais foram vítimas. Um dos objetivos deste livro é unir, de alguma forma, estes bancários.*

De bancária do setor privado, 21 anos de idade

(Do site www.assediomoral.com.br/int_depoimentos.htm)

"— Meu lema é contar, contar, contar, como eu sempre contei historias para as crianças. Contar até que esta história seja de outro e não minha. Até que eu não sinta mais dor ao contá-la, até que eu não chore mais quando alguém me perguntar como estou. Porque eu não estou bem. Andei lendo os depoimentos do site. Não são muita coisa em vista do que eu já vi e já passei.

Começou quando entrei no Banco. Era o meu sonho. Estudei a vida toda na escola que o banco tem como ação social e sempre quis retribuir o que ele fez por mim sendo uma ótima funcionaria e ajudar com minha gotinha a fazer o banco se tornar maior. Isso me custaria parar de contar histórias, parar de fazer teatro, parar de escrever poesias. Mas eu estava feliz, porque se o banco fosse pra frente, milhares de crianças poderiam estudar naquela escola.

"Eu entrei num dia glorioso e só o primeiro dia foi agradável. Porque o meu imediato era um nanico que gritava e só me chamava pelo nome e sobrenome como um deboche. Se o perguntavam por que gritava tanto, ele dizia que era italiano e tinha o sangue quente. Porque ele não gritava só comigo. Ele gritava com todo mundo. Só que comigo ele tinha um grito especial. Com uma risadinha no canto da boca. Ficava parado me observando trabalhar sabendo que me deixava nervosa. Por qualquer coisa, me perguntava se teria que me substituir. E eu não sabia o que fazer, porque era nova no banco e porque ele era o meu chefe. Quem acreditaria numa moça recém chegada enquanto o gerente tinha 20 anos de banco? Eu fui ficando isolada dos colegas.

"E todo dia eu tentava me renovar, dizendo que iria melhorar, que eu ia provar que era boa, que eu podia, que o amanhã era um outro dia. Mas cada vez as humilhações se tornavam mais específicas. Ele fez de tudo para me mandar embora. Quando o gerente geral resolveu me promover, o teste psicológico deu "trauma de infância, decepção profissional": era o primeiro sinal de que alguma coisa estava errada e eu não soube enxergar. Chegaram a me dizer que era minha única chance. Eu iria ser mandada embora. Foi aí que o meu mundo desmoronou. Eu sabia que não haveria jeito. Eu fui pro caixa, enfim. Ele me disse em palavras mais amenas que eu estava ali porque o gerente geral era um homem caridoso. Isso não aumentava em nada minha autoestima. No caixa, eu comecei a aprender. Só que as diferenças eram demais. Todos os dias. E eu passei a ter reações quando via ele. Era um terror constante. Eu via ele e suava frio, pensando "ele está vindo pra cá, está vindo!" e as dores eram quase insuportáveis. Nos ombros, nos braços, na mão direita, na cabeça. E sempre que ele estava perto, eu tinha brancos. Às vezes, o cliente perguntava se o sistema tinha parado, mas eu não lembrava o que estava fazendo. Então ele gritava e eu me lembrava... que não podia ficar parada, e fazia qualquer coisa. Numa dessas vezes dei mil reais a alguém, dinheiro que tive que tirar do meu bolso.

"Tirei duzentos reais de uma outra feita, mas a cada dia era pior e eu não sabia explicar. As manchas roxas que apareciam, a menstruação desregulada (às vezes era o mês inteiro e anticoncepcional não segurava), o desespero, o choro sem motivo, o ódio, os pesadelos (a maioria com o meu chefe, coisa que ocorre até hoje), as sombras que eu jurava ver de noite. A vida com meu namorado se tornou insuportável.

"A vida com meus pais também. Me afastei dos meus amigos. Fiquei só e sem saber o que fazer. Num dia acabei me abrindo com uma colega que sofria algum preconceito por ter ficado um ano afastada por causa de uma LER (Lesão por Esforço Repetitivo — doença comum nos bancários). Ela me disse que procurasse o sindicato e um médico. Era provável que eu estivesse com *stress*, depressão e tendinite. Não tive outro diagnóstico. Só a surpresa dos médicos, que me deram 105 dias de licença médica. Hoje é 31/5/2006 e desde 08/12/2005 estou encostada pelo INSS. E eu só tenho 21 anos e vou fazer em 9/7/2006 dois anos de banco. A vida perdeu o sentido. Meus pais são simples demais para entender o que eu sinto e eu estou sozinha. Tentei me matar uma vez, mas meu namorado me levou a tempo para o médico e me salvou. A mãe dele me acusou de exibição quando dei uma entrevista para um jornal local (o sindicato me indicou e a entrevista era com nome fictício) e nos não nos falamos mais. Eu parei o inglês, não consigo ir bem na faculdade. O professor de MKT fala demais sobre banco e me irrita, eu fico com muita raiva e não sei como agir. Fui a vários especialistas já contei a minha história para os alunos de psicologia da UFES. Eu quero melhorar ou... Ir embora para outro mundo. O desespero e a dor são meus companheiros. Não aguento mais remédios e fisioterapia. Lembro-me de um dia em que (logo que eu entrei no caixa, talvez no segundo dia) o meu chefe entrou e disse que tinha muito dinheiro à vista, que eu o colocasse no fundo falso. Eu disse que não sabia onde era (de fato, ninguém havia me mostrado) e ele pediu que eu puxasse a ferragem para cima. Eu imaginei que fosse como o de um supermercado e tentei puxar. Ele falava "anda! Não consegue nem puxar um caixa! Força!", e os colegas intimidados falavam "credo! Coitada!"; até que eu reparei um cantinho soldado e falei que aquilo não ia soltar nunca. Aí, ele caiu na gargalhada e me falou que apertava um dos porta-moeda e abria passagem para baixo da mesa. Minutos depois o tesoureiro vem me contar que ele estava sentado no chão da tesouraria rindo de mim e contando a todo mundo da peça que havia me pregado. E eu aguentando a vergonha. E esse não foi um único episódio, posso contar muitos outros, mas ninguém ia ter paciência para ler. No dia que eu saí, eu tinha perdido o ônibus e já tinha dois dias que eu estava sem dormir. Cheguei 3 minutos atrasada, três, eram 10h03min. O banco abre às 10 horas. Eu dei "bom dia" pronta para me explicar, mas ele não respondeu. Só me apontou o relógio no pulso. Eu comecei a chorar e só fui parar horas depois quando me deram uma injeção de sedativo no hospital. Fiquei dois dias na cama. Dormindo quase o tempo todo. Estou participando de um grupo no sindicato dos bancários que tem pessoas com o mesmo problema que eu. E acho que todas concordamos numa coisa: eles têm que pagar. E Deus fará o quinhão dele, porém, eu vou começar com a justiça dos homens mesmo, e espero que Ele me acompanhe. Não aguento mais viver com a insegurança, com as crises. Não aguento mais viver infeliz. Não vale a pena viver assim. Eu não sei o que fazer. Nada faz muito sentido. Preciso ler alguma coisa para me distrair. Se alguém quiser falar comigo, meu e-mail é *claushangomes@hotmail.com* . Não deixe isso acontecer com você. Você tem seus direitos, e use-os antes que a situação piore! Um abraço. Vila Velha/ES, 31/5/2006".

Da bancária Vislene de Fátima Azevedo Silva

"Tenho 39 anos, sou graduada e pós-graduada em história, professora efetiva por 8 anos, bancária, casada, mãe de dois filhos. Estou afastada do meu trabalho, pois não suportava mais as pressões do banco, pois o assunto era só produção, produção; e além das cobranças, o chefe sempre falava: "Está sobrando um caixa; ou produz, ou é demitido".

Tudo começou assim: após um tempo que eu já estava no banco, comecei a ter fortes dores de cabeça. Sempre ia ao neurologista, fazia vários exames, onde todos davam negativos, e o médico sempre comentando: "Este banco vai acabar com você, isso é *stress.*".

Mas nada me convencia que eu deveria parar. Sempre trabalhar muito, vender, vender, produzir... Até que aconteceu.

Em maio de 2003, meu filho com 6 anos de idade; seu colégio faz uma homenagem especial às mães de seus alunos, e, uma semana antes da comemoração, recebi uma linda cartinha do meu Marcos, dizendo:

"Mamãe, preciso de 15 minutos do seu tempo neste dia. Por favor, não vá faltar: são só 15 minutos".

Avisei imediatamente o meu gerente, que respondeu:

"Vamos ver se dá, Vislene, ainda falta uma semana."

Os dias foram chegando, e eu sempre comentando no banco. Chegou o dia. Confiante que tudo iria dar certo, pois o horário da homenagem era às 16h45min horas, eu com meu caixa fechado, todos os caixas fechados, nenhum cliente no banco; cheguei para meu gerente e comentei da minha saída, onde ele só respondeu:

"Não vai dar, Vislene, o seu horário é às 17 horas. Esse negócio de Dia das Mães é bobagem."

Implorei, propus troca de horários, e nada o convenceu. Chorei, fiquei chateada, e às 17 horas fui para casa.

Caro leitor, não quero que nenhuma mãe ou pai passe pelo que passei. Cheguei em casa e encontrei uma criança de 6 anos em prantos, dizendo que eu não o amava; que o banco era mais importante para mim. Tentei convencê-lo de que não me deixaram ir. Ele me perguntou por que só eu tinha faltado, se as outras mães que também trabalham fora de casa, conseguiram ir.

Como explicar isso a uma criança de 6 anos? Hoje ele tem 9 anos, e todos os anos, no Dia das Mães, ele me pergunta com ar de desconfiado: "Você vai, não é, mamãe?".

Meu caro amigo, este foi um forte motivo do meu afastamento. Juntou com as dores de cabeça, as pressões, e não deu mais.

Tomava vários comprimidos por dia, e nada resolvia. Fiz várias tomografias, eletros, e nada de descobrir o que era.

Quando aconteceu o que relatei acima, minha dor de cabeça acentuou muito. Faltando uma semana para eu sair de férias, saí no meio do expediente chorando, com uma forte dor de cabeça, dor no corpo, e fui para o médico. Resultado: depressão profunda, protrusões discais, desgastes na coluna, artrose.

Hoje, procuro respostas para tais perguntas:

Como vai ser a minha vida daqui para frente, com 39 anos, artrose na coluna, hérnias de disco, desgastes, dores de cabeça constantes, depressão?

Faço tratamento psiquiátrico, tomo 10 comprimidos controlados por dia, mais 6 a 8 para dores de cabeça e coluna.

Não posso fazer exercícios físicos, pois não dou conta, devido às fortes dores de coluna. A minha resistência é sempre baixa, com isso, a herpes toma conta constantemente dos meus lábios. E onde fica o meu lazer, pois não tenho vontade de nada? E meus filhos, será que é esta a mãe que eles sonharam para si? E meu marido?

Entrar no banco com 23 anos, totalmente saudável, sem problemas, e sair aos 39 anos; totalmente doente.

Será que valeu a pena ser bancária?

Será que valeu a pena dar tudo de mim, tudo que eu podia, e quando precisei de 15 minutos, encontrei um NÃO?

Desculpe o desabafo. Obrigado pela oportunidade. Um abraço.

Comentário: as duas colegas acima viveram casos parecidos, ambos em que seus superiores, pessoas inferiores, compensaram seu estresse e frustração agredindo-as covardemente, em vez de enfrentar a estrutura. Este tipo de compensação foi citada no início do livro, no texto "No local de trabalho".

Entrevista com ex-gerente bancário anônimo, "encostado" pelo INSS

Como você está?

"Há quatro anos estou afastado. A aposentadoria não saiu, mas o médico disse que eu não tenho condições de trabalhar em nenhuma função... Tenho problemas de memória, estômago, fibromialgia (problema nos nervos) e mais uma dezena de problemas de saúde. Hoje não tenho mais saúde. Atendi ao telefone porque minha mulher está no banho, mas nem isso costumo fazer."

Como foi o afastamento?

"Eu adorava o banco, minha vida era o banco. Passei por todas as áreas e fui um dos melhores em todas. Nos últimos tempos de banco eu não tinha sono, tinha tremedeira constante e minha esposa dizia para eu ir ao médico, mas eu relutava, achava que tinha outra coisa. Na época de meu afastamento estava eu sozinho como gerente na agência (onde geralmente eram três); sozinho há alguns meses, até que cheguei num estágio que não tinha mais jeito, e acabei no pronto-socorro – tinha chegado ao meu limite. Desde então fui em inúmeros médicos. O que ocorreu é que meu organismo não dava conta mais."

O que você diria para os bancários na ativa?

"Que muitos estão doentes e não sabem.".

Comentário: o colega sofre de fortíssima depressão. Não consegue se expressar bem e tem a voz sempre trêmula e engasgada. Desde que o conheci, há uns três anos, quando já estava afastado, percebi que não se tratava mais de um ser humano íntegro, *mas* de algo ou de pedaço que restou de alguém.

NOTAS, ARTIGOS E PESQUISAS SOBRE O TEMA

Da pesquisa: "assédio moral no trabalho bancário: impactos sobre a saúde e sua relação com gênero e raça":

Do site www.contrafcut.org.br/assedio/resumo.ppt

Feita em 2006, com 2609 bancários, a pesquisa identificou como a "Situação Mais Constrangedora": "o chefe o enche de trabalho"; e como as duas principais "Dificuldades no Trabalho": "falta de pessoal" e "carga de trabalho excessiva" .

Do Artigo: Estratégias de Enfrentamento do Sofrimento Psíquico no Trabalho Bancário : (Disponível na internet: http://www2.uerj.br/~revispsi/v3n1/artigos/artigo4v3n1.html).

Ana Magnólia Mendes
Viviane Paz Costa
Paloma Castro da Rocha Barros

"Os bancários sentem-se sobrecarregados, cansados e estressados com a quantidade de tarefas a serem cumpridas, em função da redução de quadro devido às demissões, do caráter mecânico e repetitivo das tarefas, da necessidade constante de atenção para não cometer erros, o que causa uma apreensão constante, desde a hora em que chegam até saírem do trabalho..."

"... pode-se identificar que os bancários têm a sobrecarga de trabalho como a principal causadora do sofrimento. Essa sobrecarga é oriunda da diminuição do quadro de funcionários e do processo de automação; como consequência disso, eles sentem estresse e cansaço físico. Tal sobrecarga é confirmada na literatura, que apresenta a intensificação do trabalho como característica atualmente presente nos bancos".

"Como forma de enfrentar essa sobrecarga, os bancários fazem uso de alternativas externas ao ambiente de trabalho, tanto através de meios psiquicamente saudáveis de enfrentamento, como atividades físicas e terapia, quanto através de comportamentos de fuga ao sofrimento, ignorando-o por meio de justificativas lógicas e coerentes. Assim, essa forma de enfrentar o sofrimento mostra a utilização pelos bancários do mecanismo de defesa da racionalização".

Resumo da tese de doutorado: "ocorrência e controle subjetivo do stress na percepção de bancários ativos e sedentários: a importância do sujeito na relação "atividade física e saúde" – de alexandro andrade. (Disponível na internet: http://teses.Eps.Ufsc.Br)

"O objetivo desta pesquisa foi verificar como os bancários de um banco estatal em Florianópolis, sedentários e ativos, percebem seu estilo de vida, sua aptidão física e capacidade motora, seu ambiente de trabalho e familiar, a ocorrência e o controle subjetivo do *stress...*".

"Os resultados indicam diferenças importantes nos grupos pesquisados (ativos e sedentários). Os (bancários) ativos praticam atividade física regular, um lazer ativo e consomem uma dieta equilibrada, relatando boa saúde. Os sedentários não fazem atividade física, preferem um lazer relaxante, não afirmam controle alimentar, relatando problemas de saúde. Enquanto os ativos manifestam ter boa força, resistência, flexibilidade e capacidade neuromuscular para o trabalho, o grupo sedentário descreve comprometimento destas capacidades. As reações psicossomáticas ao *stress* são: depressão, dor de cabeça, agressividade e mau humor, conformismo e insônia. A principal estratégia de combate ao *stress* dos ativos é a prática regular. O nível de ansiedade, tensão, competitividade e perfeccionismo dos bancários ativos e sedentários é alto, contrariamente ao baixo nível de ambição. O ambiente de trabalho é estressante, trabalhando até 3 horas extras por dia sem remuneração, por medo e insegurança. As principais causas de *stress* de ambos os grupos são a desvalorização humana no trabalho, a defasagem salarial, muita pressão e excesso de responsabilidades de atividade física. Ambos os grupos também utilizam: concentração e busca de autocontrole, explodir e resolver a situação na hora, evitar a situação estressante e não se endividar. Relatam que a atividade física regular relaxa, acalma e diminui a tensão e que fatores negativos dificultam a prática de esportes como: falta de tempo e recursos financeiros".

Comentário: para os interessados no tema, vale a pena ler este trabalho. Interessante perceber que o criterioso estudo do autor identificou que o estresse dos bancários tem como uma de suas reações psicossomáticas o ***conformismo****; e às vezes a gente se engana, achando que estresse tem mais relação com o excesso de movimento (na verdade como uma corrida de bois em manada) e que não tem nada a ver com conformismo (que é ficar "parado-correndo" com a manada).*

Pesquisa do ISMA: PROFISSÕES MAIS ESTRESSANTES (Do site do Instituto de Educação Superior de Brasília)

Comentários de Bruno Pimentel Saviotti

"Policiais e seguranças têm a profissão mais estressante do mundo. Em seguida, vêm os motoristas de ônibus e os controladores de voo. Executivos, bancários e atendimento ao público empatam na terceira colocação. A pesquisa foi realizada pela ISMA-BR (International Stress Management Association) do Brasil em 2003, mas a presidente da entidade, Ana Maria, disse que a ordem continua a mesma".

"Os principais motivos que levaram os analistas do ISMA a considerar essas profissões como as mais estressantes são a pressão do chefe, o medo da demissão, as longas horas de trabalho, conflitos interpessoais e a falta de tempo para a família e para realizar outras atividades fora do horário de trabalho. Além de que, hoje, a cada dez trabalhadores brasileiros, sete sofrem de estresse".

"A pesquisa mostra que 82% dos mil entrevistados apresentam traços de ansiedade, seguidos de queixas de dores musculares (96%), angústia (78%), traços de agressividade (52%) e problemas gastrointestinais (32%)".

"... O bancário Luiz Carlos concorda plenamente com a posição da profissão na lista e cita a sua como 'sobrecarregada de mais'. Para Luiz, lidar com os mais variados tipos de clientes, atender bem e estar sempre atento, além de tomar conta da segurança do dinheiro e manter o sigilo da informação, faz do bancário um profissional estressado".

Comentário: *os policiais (1° lugar) arriscam a vida em trocas de tiros, e motoristas (2° lugar) arriscam a vida no trânsito – de certa forma, nestes casos justifica-se o estresse por ser algo inevitável à função... Mas, e os bancários em 3° lugar?* Como explicar, senão pela ganância por mais lucros dos bancos ao abandoná-los nas agências?

"Como demitir a empresa": a justiça prevê! Fonte: Revista *Você S/A*, edição 79, pp. 56.

"O que muita gente não sabe é que a CLT prevê também a justa causa "ao contrário": o funcionário pode pedir demissão e pleitear todos os benefícios aos quais teria direito caso tivesse sido demitido. Ele pode agir dessa forma quando a empresa exige serviços superiores às suas forças, contrários aos bons costumes ou alheios ao contrato. Pode também exigir quando for tratado com rigor excessivo e quando as condições previstas pelo contrato não forem cumpridas pelo empregador – como o pagamento do salário em dia, por exemplo. Para dar início a esse procedimento, chamado oficialmente de "rescisão indireta", deve-se procurar a Delegacia Regional do Trabalho."

INSTITUTO SAÚDE & EQUILÍBRIO
RESPONSABILIDADE SOCIAL

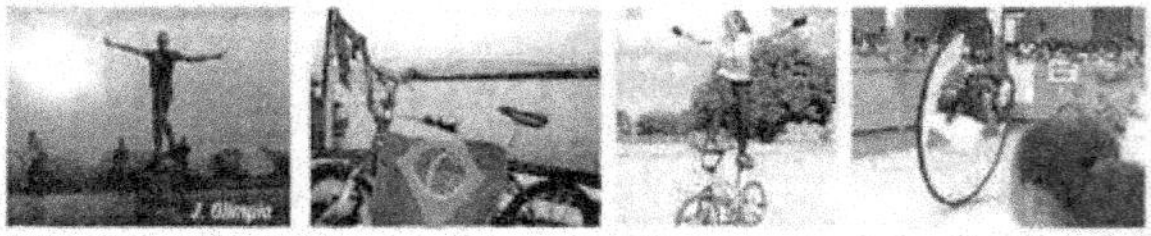

CLOVIN www.clovison.com

TEL.: (34) 9991-7669 - e-mail: contato@clovison.com - www.clovison.com

PATOS DE MINAS E UBERLÂNDIA - MG

"A empresa que não fizer marketing cultural, esportivo ou social terá em dez anos, sua marca fora do mercado." Sérgio Ajzenberg

NÚMEROS E CONQUISTAS:

2006 - 2010

VICE-CAMPEÕES: 1º Prêmio UNIPAM de Empreendedorismo, 2007

RECONHECIMENTOS NACIONAIS:
Revista Bike Action, 2009
Piloto Beto no Domingão do FAUSTÃO
Enquadramento na Lei Rouanet - Ministério da Cultura 2011
Ação na Amazônia / parceria Justiça Federal 2010
Presença na ONG Brasil 2010-Mostra Nac. de Projetos Sociais(SP)

1.560 EVENTOS (shows + palestras) → **230.000 ESPECTADORES**

PORQUE SOMOS SUCESSO...

RADICAIS, HUMANOS e ORIGINAIS, AMAMOS O QUE FAZEMOS!
UNIVERSAIS: falamos a língua de todos a partir da ação, do lúdico
PARCEIROS E VOLUNTÁRIOS PRECIOSOS
COMPETÊNCIA, COMPROMISSO E SUSTENTABILIDADE!
CONQUISTAMOS FÃS: Somos Vendedores de **SONHOS...**
VAMOS AO ENCONTRO DE NOSSO PÚBLICO:
Todo artista tem que ir aonde o povo está...
Equilibramos: **ARTE E EDUCAÇÃO, SORRISOS E REFLEXÃO...**
ESTRUTURA SIMPLES – foco em talentos humanos
Atendemos **DEMANDAS SOCIAIS URGENTES:**
Prevenção às drogas e promoção de valores

COMENTÁRIOS

Falar sobre a vida é difícil, e até mesmo entender as coisas da vida é difícil, mas com o Clovin falando fica tudo mais fácil. - Rayane, aluna, Patos de Minas

"...é preciso mais Clovinhos para tentar colocar essa vida dentro das escolas." - Joyce Magnini - Superintendente Reg. Ensino

...a nota é dez. O seu trabalho é muito bonito e você fala a 'língua dos jovens'... – Ma. da Penha, diretora em Patos

A palestra do Clovin me ajudou a abrir os olhos, esclareceu uma boa parte da minha vida, como a minha ética. - Marcello Saba, aluno, Patos de Minas

Para vencer na vida, o primeiro passo é vencer a si mesmo. - Gustavo, aluno, Uberlândia, MG

A auto-estima é tudo. É isso que ele passa para todos muito bem! - Narelle – aluna, Patos de Minas

Lei de Incentivo à Cultura

Patrocínio: Patense · UNIPAM · PostoPatão · Água e Terra · Clínica Olivieri · Motocar · Sinhá · S.O.S Educação Profissional · Rei do Real

Apoio: MTV · Folha Patense · Midia Proativa

Realização: Ministério da Cultura · Brasil

> ADMINISTRADOR UNE ACROBACIAS DE BICICLETA E PALESTRAS COMPORTAMENTAIS

Projeto propõe resgate dos valores humanos

MARCELO CALFAT | REPÓRTER
marcelocalfat@correiodeuberlandia.com.br

BETO OLIVEIRA

CLÓVISON ELBERTH abandonou carreira bancária para se dedicar às ações sociais

SERVIÇO

Para mais informações acesse
www.clovison.com.br

Para agendar palestras e shows acrobáticos em escolas
(34) 3821 1670
(34) 9991 7669

Foi lançado simbolicamente ontem em Uberlândia o projeto Saúde & Equilíbrio, que envolve shows acrobáticos educativos de bicicleta e palestras comportamentais para alunos, pais e educadores com o intuito de promover valores humanos. A apresentação aconteceu na Escola Estadual Honório Guimarães, no bairro Lidice, região central.

Criado em 2006 em Patos de Minas, o projeto Saúde & Equilíbrio tem como objetivo a prevenção de vícios físicos e de caráter, além da promoção da integridade humana, como saúde e equilíbrio do corpo, mente e alma.

"Há três anos abandonei minha carreira de gerente de banco e decidi dedicar a minha vida às ações sociais. Hoje sou a pessoa mais feliz do mundo." É assim que Clóvison Elberth Alves, o Clovin, explicou sua dedicação aos projetos sociais. Administrador e filósofo, o empreendedor social, como se define, é o idealizador do projeto. Natural de Uberlândia, reside há seis anos em Patos de Minas.

Com mais de três mil salas de aula visitadas, o projeto é uma maneira de levar à sociedade uma mensagem positiva contra o que não faz bem ao ser humano, ao mesmo tempo contribuindo com o futuro e a responsabilidade social. "É uma forma de incentivar as pessoas a serem campeões na vida. Quando assistem ao show acrobático e às palestras, as crianças, jovens e adultos se espelham e buscam uma boa conduta", afirmou. O ciclista também incentiva a busca por sonhos e ideais. "Tudo aquilo que vem do seu esforço, do seu suor, é muito mais valorizado", disse.

A reação dos adolescentes na escola é surpreendente. Todos ficam entusiasmados enquanto o ciclista se apresenta. Filipe Saraiva Felisberto, de 13 anos, disse que a "apresentação é muito legal. Ele tem muita coragem, me espelho como lição de vida". Isabela Quirino Costa, de 14 anos, ficou fascinada. "É fantástico. Ele faz acrobacias muito legais. É um exemplo na vida e no esporte."

A vice-diretora da Escola Estadual Honório Guimarães, Rosangela Aparecida de Sousa, disse que "os alunos adoraram. É muito positivo, mostra para os alunos que, quando a gente quer e vai atrás, as coisas acontecem para o nosso bem".

Neste ano, além de Uberlândia, o ciclista se apresenta em Patos de Minas e Patrocínio.

Bruno Vieira Moreira 02
10 anos
Escola Municipal Frei
Leopoldo
Prof: Angela Maria Taddeia
Clovim
Saúde
e
Equilíbrio

PROJETO

SAÚDE & EQUILÍBRIO

RESPONSABILIDADE SOCIAL

www.clovison.com

UNIPAM

O QUE É O SAÚDE & EQUILÍBRIO? É um SONHO, uma missão de vida realizada como ação social. Desde 2006, promove-se a integridade humana e previne-se vícios físicos e de caráter. Baseia-se nas tríades humanas: corpo, mente e alma / esporte, filosofia e fé / fazer, pensar e acreditar / bem-estar físico, psíquico e moral...

QUEM É O IDEALIZADOR? O responsável é o humanista Clóvison Elberth Alves, o CLOVIN - administrador, filósofo e atleta-radical, assistido pela estudante de psicologia e acrobata HOHANA Hassan Jomaa e, acredita-se, por Deus.

QUAIS OS OBJETIVOS? Motivar o público para o autoconhecimento, a autodisciplina e a superação pessoal, estimulando um comportamento SAUDÁVEL, ÉTICO E EMPREENDEDOR baseado na ação (esporte, trabalho, arte...), na consciência crítica (o pensar, a psicologia...) e na dignidade humana (valores, princípios e crenças).

QUAIS OS ENVOLVIDOS? Os parceiros patrocinam os eventos e o Instituto Saúde & Equilíbrio os executa, com vários apoios e voluntários, beneficiando escolas e instituições diversas da comunidade. Também são realizados eventos para equipes e clientes dos parceiros, como palestras e shows em CIPAs, SIPATs, festas, etc.

ONDE E COMO É FEITO? Os eventos e ações são versáteis e itinerantes, percorrendo Patos de Minas, Uberlândia, Patrocínio e região, centrando ações em escolas e se inserindo em lugares e ocasiões diversas (desfiles, clínicas de recuperação, congressos, jogos...) conforme as demandas sociais. A tríade metodológica é: Atração – Shows acrobáticos; Reflexão – palestras comportamentais; e Interação: trabalhos participativos, debates...

Foto: Selma Cruz

Trabalho interativo de Fabrício Borges de Souza E. M. Profa. Marluce M. O. Scher

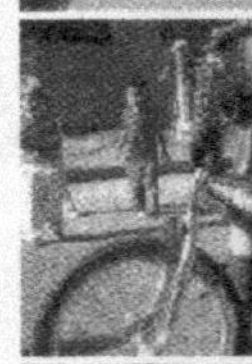

NOME: Ana Clara da Silva (01)
IDADE: 10 anos
TELEFONES: 3825-8707, 99698718 ou 99699801
ENDEREÇO: carmo do paranaiba 996
ESCOLA MUN. FREI LEOPOLDO
"Esportes SIM
DROGAS não"
100% NATUREZA
PAZ!

Gustavo Alves Ferreira (14)
Lilian Lucia Ribeiro
Escola Estadual Professor Modesto
ESPORTE
SIM
DROGAS
NÃO
CLOVIN
GUSTAVO 2010

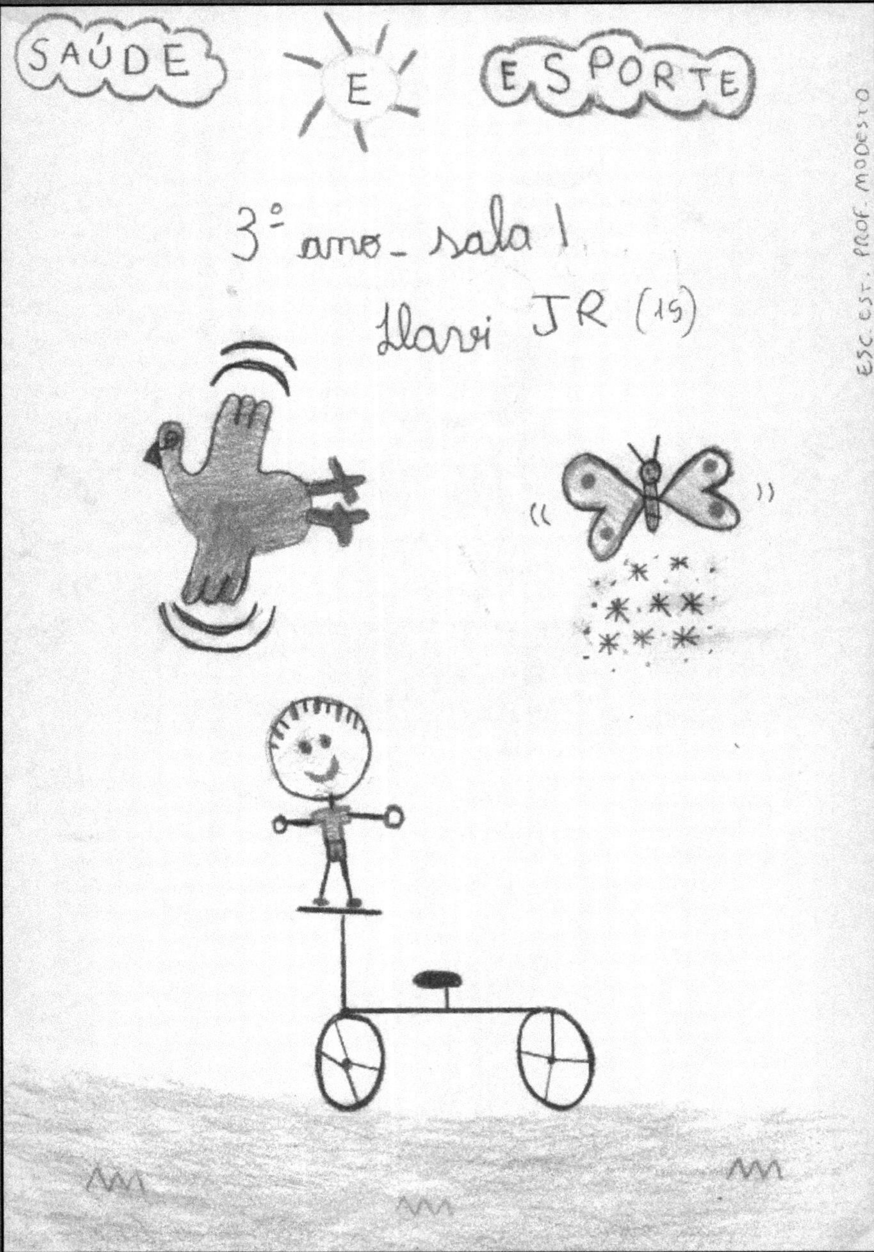
SAÚDE
E
ESPORTE
3º ano - sala 1
ESC. EST. PROF. MODESTO

Saúde & Equilíbrio atinge a marca de 1000 eventos

Iniciado em 2006, projeto social idealizado pelo Clovin já beneficiou 120.000 espectadores com shows acrobáticos e palestras educativas

Clovin em ação em Patrocínio, cidade que junto com Uberlândia também está recebendo o projeto

O empreendedor social Clovin e sua inseparável bicicleta em foto especial de Saulo Alves

Alunos da Escola Estadual Deiró E. Borges apontam para a marca de 1.000 eventos realizados

Em outubro de 2006 o então senhor gerente Clóvison Elberth Alves "demitiu o banco" em que trabalhava, fez uma mudança radical em sua vida e se transformou no Clovin, entregando-se, como diz, a uma "missão de vidas, um sonho": com o lançamento do Projeto Saúde & Equilíbrio, ele vem conseguindo sua realização pessoal ao mesmo tempo em que contribui com uma sociedade melhor, através de acrobacias na bicicleta e de palestras e mensagens sobre temas como fé, autodisciplina, ética, empreendedorismo e qualidade de vida.

Neste mês, em visita à escola Deiró Borges, o trabalho atingiu a marca de 1000 eventos, entre shows e palestras completas: segundo o Clovin, não são computadas mini-palestras, que são visitas rápidas às salas de aula. Ao todo o trabalho, que atualmente tem agenda periódica também em Uberlândia e Patrocínio, já foi assistido por mais de 120.000 pessoas, em escolas, igrejas, empresas e eventos diversos.

Apesar dos números impressionantes, que ajudam a divulgar e valorizar o trabalho, segundo o Clovin "uma única pessoa que tenha evitado ou largado vícios, como uma educadora que me garantiu ter parado de fumar após uma palestra minha, já valeu todo o esforço! No banco, nos últimos tempos, eu não acreditava contribuir em nada para mim ou para a sociedade".

Enfrentando na vida pessoal uma "dolorosa e amorosa separação", como diz, o empreendedor social faz questão de lembrar que "não é perfeito" e que a prioridade do trabalho não é sua autopromoção ou que as pessoas acreditem primeiramente nele: "apesar de ser inevitável o nascimento de um certo mito em torno de mim, sobretudo entre as crianças, faço questão de frisar ao meu espectador que ele deve confiar primeiro em Deus, depois em si mesmo e só em terceiro lugar nos outros, como eu...".

Para o futuro Clovin sonha em fazer turnês por cidades que ainda não viram o trabalho.

Na atual temporada do Saúde & Equilíbrio em Patos o aluno é convidado a assumir o Termo de Compromisso de Vem-Ser, documento simbólico de conduta. Abaixo seguem nomes de alguns estudantes que assinaram o mesmo nas últimas escolas visitadas:

E.E. Agrotécnica Afonso Queiroz

Lucas Mendes C. F. Bueno - 202
Bruno Alberto Porto - 101
Rodolfo César B. Barbosa - 103
Lorena Borges e Alves - 201
Ailsson Gonçalves Soares - 102
Márcio Júnio de A. Amaral - 302
Guilherme Tolentino - 301

Colégio Tiradentes da P.M.

Lucas Vinicius de C. Silva - 102
Rita Paula A. Lourenço - 101
Gustavo Gomes Caixeta - 802
Lethícia Gabriela Correa - 801
Nicolau José C. de Andrade - 902
Douglas Rodrigues Oliveira - 902

Demiti o banco, Admiti a vida foi composto por Teco de Souza, com as tipografias Sabon e Scala e impresso em papel Offset 90 g, na Gráfica Editora Parma, no Natal/Ano Novo 2011/2012, conforme o novo acordo ortográfico da Língua Portuguesa.